Norbert Brieden

Tod und Auferstehung

Umfassende Materialien zu den eschatologischen Grundfragen des Christentums

4. Auflage 2022

Autor*innen: Norbert Brieden
Illustrationen: Brigitte Kuka
Satz: Fotosatz H. Buck, Kumhausen
Druck und Bindung: Franz X. Stückle Druck und Verlag e.K.
ISBN 978-3-403-**06734**-4

www.auer-verlag.de

Inhaltsverzeichnis

Folgende Materialien eignen sich als Klausuren: M 17, M 25, M 28, M 31, M 32, M 34 und M 35.

Einleitung: Ziele und Vorgehensweise

Im vorliegenden Themenheft soll der christliche Auferstehungsglaube als eine Glaubensmöglichkeit für Schüler[1] heute erschlossen werden. Ziel der Unterrichtsreihe ist es, Schüler der gymnasialen Oberstufe zu befähigen, begründet zum christlichen Glaubensangebot Stellung zu nehmen.
Dazu werden in einer *ersten Sequenz* die Konstrukte „Tod“ und „Auferstehung“ thematisiert. Die Lernausgangslage wird über abstrakte Vorstellungsbilder erhoben, in denen die Schüler ihre eigenen Vorstellungen klären und miteinander ins Gespräch kommen. Hier ist es wichtig, den Schülern die Freiheit zu lassen, den Begriff „Auferstehung“ durch den Begriff „Leben“ zu ersetzen. Ansonsten könnten atheistisch orientierte Schüler sich durch den theologisch aufgeladenen Begriff der Auferstehung in ihrer Freiheit eingeengt fühlen und die Aufgabe ablehnen. Die Vielfalt der Vorstellungen kann durch das Projekt einer Passantenbefragung erweitert werden: Wie stellen sich die Menschen auf der Straße ihr Leben nach dem Tod vor? Im Verlauf der Reihe kann immer wieder auf die gesammelten Vorstellungen zurückgegriffen werden, etwa durch einen kontrastiven oder affirmativen Bezug auf das gerade Erarbeitete. Die Begriffe „Tod“ und „Auferstehung“ werden über eine Analyse der Symbolverwendung im emotional aufwühlenden Kurzfilm „Fragile“ und von Texten mit einfacher theologischer Sprache lernpsychologisch sinnvoll präzisiert und mit den eigenen Vorstellungen der Schüler verknüpft.

Die *zweite Sequenz* nimmt sich die Genese des Auferstehungsglaubens vor, indem sie das letzte Kapitel des Lukasevangeliums unter die Lupe nimmt. Die dort bereits angesprochene Problematik des leeren Grabes wird in der *dritten Sequenz* entfaltet, in der die Auferstehungskonzeptionen der drei anderen Evangelisten zu Worte kommen. Es wird sichtbar, wie vieldeutig das leere Grab ist und dass es den Glauben an den auferstandenen Christus nicht allein begründen kann.

Das leere Grab ist ein Symbol für die Überwindung der Todesmacht und die Leiblichkeit der Auferstehung, die in der *vierten Sequenz* über ein Bedenken der eucharistischen Mahlhandlung vertiefend erarbeitet wird. Das Emmaus-Mahl ist als Handlung der die Auferstehung memorierenden und so zum Glauben einladenden Gemeinde zu sehen. Es verweist auf die Hoffnung, am himmlischen Hochzeitsmahl teilzunehmen. So steht die eschatologische Vorstellung der leiblichen Auferstehung, wie sie Paulus im Glauben an die schöpferische Macht Gottes entfaltet, am Ende der Unterrichtsreihe. Die dritte und vierte Sequenz vertiefen in diesem Sinne die zweite Sequenz und können je nach Interesse der Schüler entfaltet oder abgekürzt werden. Die Materialien M 17, M 25, M 28, M 31, M 32, M 34 und M 35 eignen sich auch als Klausuraufgaben, durch die der Fortschritt in der theologischen Argumentationsfähigkeit der Schüler gemessen werden kann.

Vor Beginn jeder Sequenz wird eine Kompetenzmodellierung für die einzelnen Materialien vorgeschlagen, die jeweils unterschiedliche Schwerpunkte setzt. Es wird unterschieden in Basisniveau A, das alle Schüler erreichen sollten, Regelniveau B, das die Schüler im Durchschnitt erzielen könnten, und Exzellenzniveau C, das die Plattform des Lehrerhandelns darstellt (s. nachfolgendes Kapitel). Die Modellierungen sind erwachsen aus einer Verbindung des Elementarisierungsmodells mit der gegenwärtig bildungspolitisch stark geforderten Kompetenzorientierung, wie folgend kurz skizziert wird. So unterstützt dieses Themenheft Sie als Lehrer dabei, in Ihrem Religionsunterricht die divergenten Interessen der jeweiligen Schülergruppe zu berücksichtigen.

Den Sequenzen sind Bemerkungen zur Planung (Beschaffung und Methodik) und zum Erwartungshorizont der einzelnen Unterrichtsstunden vorangestellt.

Bei der behandelten Thematik ist es denkbar, dass einzelne Schüler, die gerade trauern oder existenzielle Erfahrungen mit dem Tod noch nicht verarbeitet haben, emotional reagieren. Bei einer guten Kursatmosphäre werden solche Schüler oft von der Gruppe aufgefangen. Wahrscheinlich haben Sie es als Religionslehrer schon erlebt, dass sich gerade im Diskurs über die existenziellen Fragen im Religionsunterricht ein durch persönliches Engagement geprägtes Kursklima herausbildet, das den Lernerfolg entscheidend fördert. Sie können als Lehrer auch den existenziellen Erfahrungen Ihrer Schüler offen gegenüberstehen und sensibel mit ihnen umgehen, indem Sie die persönliche Betroffenheit bei einzelnen Schülern wahrnehmen und ihnen den Freiheitsraum sowohl zum Rückzug als auch zu persönlicher Öffnung gewähren. Sollte es in ganz seltenen Fällen zu sehr starken Gefühlsausbrüchen kommen, können Sie professionelle

1 Aufgrund der besseren Lesbarkeit werden in diesem Buch ausschließlich die männlichen Formen verwendet. Wenn von Schüler gesprochen wird, ist immer auch die Schülerin gemeint, ebenso verhält es sich mit Lehrer und Lehrerin.

Hilfe, etwa eines Seelsorgers oder eines Psychologen, vermitteln. Sie brauchen keine Angst davor zu haben, solche Gefühle durch die Thematik oder einzelne Medien auszulösen. Wenn Derartiges im Unterricht zum Ausdruck kommt, dann gehört das zum Leben und zeigt an, dass etwas bearbeitet werden muss. Wenn Sie diese Möglichkeit bedenken, können Sie souverän mit solch schwierigen Situationen umgehen und dadurch im Religionsunterricht einen diakonischen Dienst leisten. Gleichfalls sollten Sie sich vor Überforderung schützen: Sie sind nicht verantwortlich dafür, dass vereinzelte Schüler ihre Trauer bewältigen.

Im Jugendalter beschäftigen sich viele Menschen abstrakt mit den Möglichkeiten eines Suizids. Insofern die biblische Botschaft der Auferstehung Mut macht, das Leben hier und heute zu bewältigen, kann die theologische Diskussion über die Hoffnung der Christen einen Beitrag dazu leisten, den Willen zum Leben zu stärken: Der Glaube an die Auferstehung bezeugt, dass es keine ausweglosen Situationen gibt. Denn selbst im Tod ist Gott uns nah. Und der Auferstehungsglaube kann Kraft dazu verleihen, den Tod nicht als Ausweg zu wählen. Denn vor den Anforderungen des Lebens rettet uns auch nicht der Tod. In diesem Sinne bricht das Konzept „Auferstehung" die Macht des Todes in doppelter Weise: Indem es die Angst vor dem Ende beendet, relativiert es auch die fatale Illusion, der Verantwortung vor dem Leben gewaltsam entfliehen zu können.

Im Buch werden folgende Piktogramme verwendet:

 Kompetenzschwerpunkte

 Aspekte zur Planung

 Erwartungshorizont

 Bild- bzw. Filmbetrachtung. Die jeweiligen Bildmedien sind im Internet zu finden und müssen vom Lehrer beschafft werden.

Texte und Aufgaben, die als Klausuren geeignet sind.

Ich danke den Studierenden für das Lehramt „Katholische Theologie Sek. I und II" in Bochum, die mir beim Ausprobieren und Entwickeln der Materialien vielfältige Anregungen gegeben haben. Großer Dank gebührt auch meinen Lehrern Gregor Beckers, der mich in das glaubensförmige paulinische Denken eingeführt, und Reinhard Göllner, der in mir die Faszination für die lukanischen Texte geweckt hat. Ohne seinen Anstoß, Materialien zur Emmauserzählung zu entwickeln, wäre dieses Buch nicht entstanden.

Abschließend wünsche ich Ihnen, liebe Lehrer, viel Erfolg bei Ihrer Arbeit mit diesem Buch.

Norbert Brieden

Didaktischer Ansatz: Verbindung von Elementarisierung und Kompetenzorientierung

Die didaktische Ausrichtung dieses Themenheftes beruht auf der Didaktik der Elementarisierung in Kombination mit der in den Richtlinien und Lehrplänen geforderten Kompetenzorientierung.[2]

Abbildung 1 veranschaulicht das Modell der Elementarisierung im dreidimensionalen Körper einer Pyramide. Das Fundament bilden die elementaren Lernformen, da jede Auseinandersetzung mit einem Inhalt notwendigerweise mit einer Methode verknüpft ist. Welcher Inhalt auch immer zur Debatte steht, ein methodischer Zugang muss gesucht und gefunden werden (z. B. das Lesen dieses Textes als Methode, sich mit dem Inhalt „Elementarisierungsmodell" auseinanderzusetzen, vielleicht mit dem Ziel, den eigenen Religionsunterricht besser zu reflektieren). Werden elementare Lernformen mit dem Ziel eingesetzt, einen bestimmten Inhalt eindrücklich zu vergegenwärtigen, so besteht immer die Gefahr, dass gerade neue Lernformen zum Selbstzweck werden und sich verselbstständigen, wenn beispielsweise ein Plakat stundenlang verziert und gestaltet wird, ohne dass der darzustellende Inhalt in seinen elementaren Strukturen getroffen ist. Sollten einmal Aufwand und Ergebnis in keinem guten Verhältnis zueinander stehen, kann immerhin bei der Präsentation und dem Vergleich der Plakate die Methodenkompetenz der Schüler gefördert werden, indem sie Ergebnis und Prozess kritisch beurteilen.

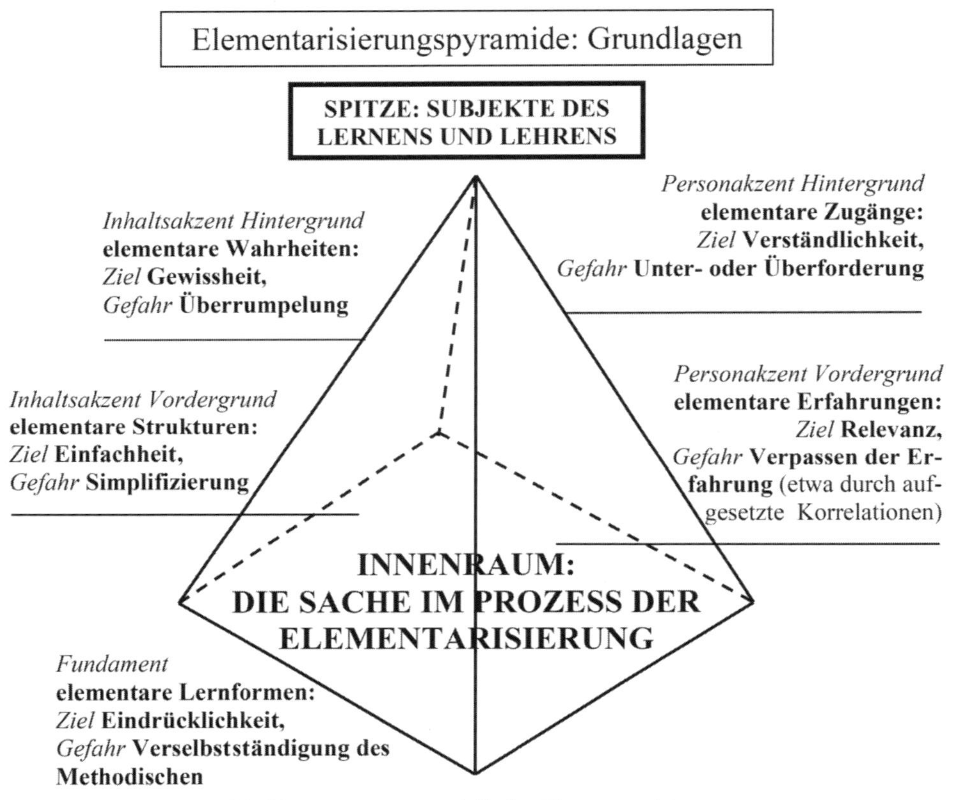

Abbildung 1: Das Modell der Elementarisierung

Die beiden sichtbaren Seiten im Vordergrund der Pyramide stellen die elementaren Strukturen – den Inhalt – und die elementaren Erfahrungen der Lernenden und Lehrenden dar. Die *linke Seite der elementaren Strukturen* wird klassisch durch die Sachanalyse repräsentiert: Was sind die grundlegenden Aspekte eines Inhalts, die den Schülern im Unterrichtsprozess auf jeden Fall klar werden sollten? Wie kann der Lehrer einen Gegenstand vereinfachen, ohne zu stark zu simplifizieren? Die *rechte Seite der elementaren Erfahrungen* verweist darauf, dass der Gegenstand immer in Abhängigkeit von bereits vorhandenen Erfahrungen zu sehen ist. Das Vorwissen, das in zurückliegenden Lernerfahrungen erworben wurde, muss Anknüpfungspunkte bereitstellen, an die sich ein neuer Gegenstand anschließen lässt. Nur so ist eine neue elementare Erfahrung möglich. Biblische Texte etwa sind nur dann relevant für Kinder und Jugendliche,

2 Vgl. dazu ausführlich: Reinhard Göllner/Norbert Brieden/Christina Kalloch: Emmaus: Auferstehung heute eröffnen. Elementarisierung – Kompetenzorientierung – Kindertheologie. Münster u. a. 2010, 173–248.

wenn die Erfahrungen, von denen die Bibel erzählt, mit ihren gegenwärtigen Erfahrungen korreliert werden können. Durch die Korrelation erscheinen bisherige Erfahrungen in einem neuen Licht. Im Vorgang des Korrelierens besteht die Gefahr, dass vorgefertigte Korrelationen des Lehrers aus den Schülern herausgefragt werden oder dass Schüler im Wissen um die Erwartung des Lehrers Korrelationen erfinden, die nicht authentisch sind. Die andere Gefahr, dass durch die Konzentration auf eigene Erfahrungen sich der Inhalt nur vordergründig angeeignet, in seiner bleibenden Fremdheit nicht ernst genommen oder im Extremfall gar nicht erfasst wird, ist vom Lehrer als Anwalt des Inhalts im Auge zu behalten.

Strukturen und Erfahrungen stehen im Vordergrund der Pyramide, weil erstere in fachwissenschaftlicher Analyse und zweitere durch Befragung und Beobachtung der Schüler leichter wahrzunehmen sind als die elementaren Wahrheiten und elementaren Zugänge, welche die verborgenen Seiten der Pyramide bilden. Die *rechte Seite der elementaren Zugänge* verweist auf einen angemessenen zeitlichen Umfang zur Behandlung eines Inhalts. Wenn der Unterricht verständlich sein soll, muss er die entwicklungspsychologischen Erkenntnisse, etwa zu den Stufen des religiösen Urteils, berücksichtigen. Da jedoch die Entwicklungen der Schüler individuell unterschiedlich verlaufen, ist die Gefahr der Über- oder Unterforderung ständig gegeben. Hier bedarf es großer Aufmerksamkeit des Lehrers. Erst eine gute Kenntnis der Stärken und Schwächen einer Lerngruppe erlaubt es, binnendifferenzierende Unterrichtsarrangements passgenau einzusetzen und das Ziel der Verständlichkeit umfassend zu erreichen. Das Ziel ist hier, den Jugendlichen Gewissheit in Glaubensfragen zu ermöglichen, wie es die *linke Seite der elementaren Wahrheiten* anzeigt. Diese Gewissheit darf aber nicht als endgültig missverstanden werden. Auch ein performativer Religionsunterricht, der nicht nur über Religion reden möchte, sondern Glaubensgewissheiten im religiösen Vollzug erproben will, benötigt Phasen distanzierender Reflexion. Ansonsten gerät er in Gefahr, die Lernenden durch die emotional ergreifende, kritiklose Praxis zu überrumpeln. Weil Glaubensgewissheit nicht geplant oder erzeugt werden kann, sondern lediglich als gnadenhafte Momente im Unterrichtsalltag einzuschätzen sind, stehen sie im verborgenen Hintergrund der Pyramide.

Die Pyramide zeigt, dass der Unterrichtsgegenstand nur durch das Zusammenspiel aller fünf Perspektiven des Elementarisierens entsteht. Die Sache „christlicher Glaube" bleibt daher auch in seinen elementaren Strukturen und Wahrheiten immer durch die elementaren Erfahrungen und Zugänge der am Lernprozess beteiligten Personen gefärbt. Deshalb stehen auf der *Spitze der Pyramide* die *Subjekte des Lernens und Lehrens*. Letztlich geht es darum, dass Lernende und Lehrende – auch Lernende werden im Lernprozess einer Lerngruppe oft und notwendig zu Lehrenden und umgekehrt – im Elementarisierungsprozess einen Gewinn erzielen: Sie erweitern ihre Erkenntnisse, gewinnen an Reife, erforschen und verändern ihre (religiöse) Identität im sozialen Gefüge mit anderen.

Abbildung 2 verbindet das Elementarisierungsmodell mit der Kompetenzorientierung.

Die *religiöse Kompetenz* steht an der *Spitze*, weil sie ein Bündel an Kompetenzen umfasst, die sich mithilfe der Elementarisierungspyramide differenzieren lassen. Die elementaren Strukturen umfassen die *Sachkompetenz*, die sich in Bezug auf religiöse Inhalte in Wahrnehmungskompetenz, ästhetische Kompetenz, hermeneutische bzw. Deutungskompetenz und Medienkompetenz auffächern lässt. Insofern es bei der elementaren Wahrheit um subjektiv authentische Glaubensgewissheit geht, sind ebenfalls die Termini der (existenziell-religiösen) *Orientierungskompetenz*, ergänzt durch die *Dialogkompetenz* im Sinne eines reflektiert-humanen Umgangs mit einander widersprechenden Glaubensüberzeugungen von Bedeutung. Aus der Dialogkompetenz ergibt sich die Bedeutung des interreligiösen Lernens als eine Erziehung zu religiöser Toleranz. Die Verantwortungskompetenz bezieht sich auf die ethische Dimension des Glaubens.

Die mit der rechten Seite der Pyramide verbundenen Kompetenzen stellen weitere Teilkompetenzen der umfassenden religiösen Kompetenz dar: *Sprach- und Selbstkompetenz* als die Fähigkeiten, eigene Erfahrungen wahrzunehmen, über sie und fremde Erfahrungen zu kommunizieren und mit sich selbst umzugehen, konkretisieren sich als Empathiefähigkeit, Sozialkompetenz und der Fähigkeit zum Umgang mit Endlichkeit und Fremdheit. Sie gehören genauso zur religiösen Kompetenz wie die *Urteilskompetenz*, die den elementaren Zugängen zugeordnet ist. Diese Perspektive der Elementarisierung achtet darauf, dass Schüler durch entsprechende Aufgabenstellungen herausgefordert werden, Urteile zu fällen, die ihren Horizont um ein Geringes übersteigen. Denn nur durch solche Herausforderungen wird Entwicklung angestoßen. Wenn die Perspektive der elementaren Zugänge die individuellen Lernvoraussetzungen der einzelnen Schüler berücksichtigt, leitet sie dazu an, die Schüler mit ihren eigenen Lernvoraussetzungen zu konfrontieren, etwa durch die Aufgabe, Lernportfolios zu erstellen. Durch die Reflexion ihres Lernprozesses gewinnen die Schüler an personaler Kompetenz.

Abbildung 2: Elementarisierung und Kompetenzorientierung

Die Perspektive der elementaren Lernformen weist darauf hin, dass alles Wissen und Verstehen wenig nützt, wenn es nicht gelingt, etwas damit anzufangen. Hier sind *Methodenkompetenz*, Handlungskompetenz und Gestaltungskompetenz gefragt.

Dass eine solche systematische Aufteilung von Kompetenzen und ihre Zuordnung zu den Perspektiven der Elementarisierung nicht als dogmatische Festlegung verstanden werden darf, wird an den zahlreichen Überschneidungen der Kompetenzen deutlich, die sich wechselseitig voraussetzen. Es ist beispielsweise offensichtlich, dass die Orientierungskompetenz bereits gewisse Sprachkompetenz und Urteilskompetenz voraussetzt. Ohne Sachkompetenz bleibt die Urteilskompetenz ungenügend und ohne Methodenkompetenz wäre eine Auseinandersetzung mit Inhalten überhaupt nicht realisierbar.

Die Elementarisierungspyramide wird in *Abbildung 3* zur Kompetenzpyramide, sobald die den Elementarisierungsperspektiven zugeordneten Kernkompetenzen ins Zentrum des Interesses rücken. Die Kompetenzen beziehen wir erstens auf die Bereiche, in denen die zu erwerbenden Fähigkeiten der Schüler jeweils liegen, und differenzieren zweitens diese Fähigkeiten in jeweils drei Kompetenzstufen, deren Definition wir von Gerhard Ziener übernehmen:

> *Mindeststandards* geben Auskunft über das notwendige und prinzipiell jedem Kind einer bestimmten Altersstufe in einem bestimmten Bildungsgang zu ermöglichende Niveau an Befähigung. [...] *Regelstandards* formulieren dasjenige Kompetenzniveau, das alters- und schulartspezifisch für realistisch, das heißt sachgerecht und zumutbar, gehalten wird. Regelstandards formulieren ein mittleres Niveau von Kompetenzen, das von Schülerinnen und Schülern sowohl unter- als auch überschritten werden wird. [...] *Experten- oder Maximalstandards* formulieren ein theoretisch erreichbares Höchstniveau an Kompetenz; ihre Formulierung orientiert sich weniger an den realen Schülerleistungen als eher am fachwissenschaftlichen Wortsinn des jeweiligen Kompetenzstandards. Experten- oder Maximalstandards eignen sich für eine absolute Taxonomie von Schülerleistungen, nicht aber für den konkreten Unterricht.[3]

Die Pyramide in *Abbildung 3* präsentiert auf ihrer *Basis* die vier Bereiche, die Ziener in seiner Analyse der Formulierungen von Bildungsstandards herausgearbeitet hat.[4] Die Platzierung der *Methodenkompetenz* (elementare Lernwege) weist auf die Ableitung der Bereiche aus den Lernwegen hin.

Die *Sachkompetenz* (elementare Struktur) ist eng verwoben mit dem kognitiven Bereich, aber auch mit dem methodisch-kreativen Bereich, da Sachkompetenz die Fähigkeit, Aufgaben zu bearbeiten, voraussetzt.

3 Gerhard Ziener: Bildungsstandards in der Praxis. Kompetenzorientiert unterrichten. Seelze-Velber 2008, 61–63 (Hervorhebungen v. N. Brieden). Zu unterschiedlichen Kompetenzstufenmodellen vgl. ebd. 50–53; zum Minimum der drei Kompetenzstufen und zur Problematik der Benotung vgl. ebd. 63–65.

4 Vgl. die Übersicht ebd. 66f.

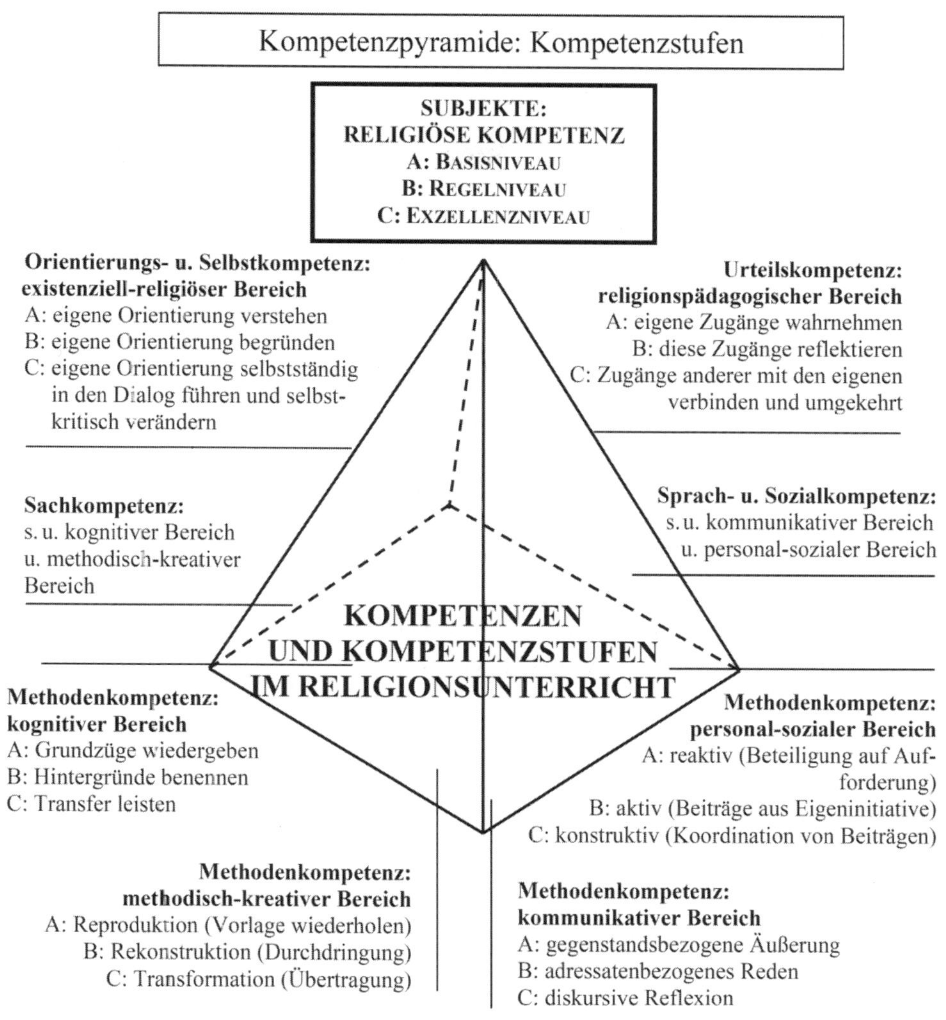

Abbildung 3: Kompetenzbereiche und Kompetenzabstufungen

Die Verbindung der beiden Bereiche wird deutlich, wenn man die unterschiedlichen Niveaus betrachtet: Grundzüge wiedergeben können heißt, die im Unterricht erhaltenen Informationen in wesentlichen Grundzügen zu reproduzieren. Reproduktion im methodisch-kreativen Bereich meint die Fähigkeit, Aufgabenstellungen, die bereits erprobt wurden, mit veränderten Variablen durchzuführen. Dies entspricht den Mindeststandards. Die Regelstandards fordern eine vertiefte Auseinandersetzung, die über das Reproduzieren hinausgeht, und umfassen im kognitiven Bereich das Benennen von Hintergründen und im methodisch-kreativen Bereich die Rekonstruktion. Es sollen die im Unterricht u. U. zu unterschiedlichen Zeitpunkten erhaltenen Informationen miteinander verknüpft werden und Bezüge hergestellt werden, was im methodisch-kreativen Bereich voraussetzt, eine angemessene Methode zu wählen. Im Expertenstandard wird im kognitiven Bereich die Fähigkeit, *Transfer* leisten zu können, und im methodisch-kreativen Bereich *Transformation* (Übertragung) benannt. Dies erfordert selbstständiges Zugreifen auf Informationen und eine größere Bearbeitungstiefe. Im kognitiven Bereich werden Informationen *selbstständig* reorganisiert und in einen neuen Zusammenhang eingeordnet, im methodisch-kreativen Bereich werden fremde Aufgaben selbstständig bearbeitet. Dies umfasst die Identifikation des Aufgabentypus, die begründete Methodenwahl und ihre anschließende Durchführung.

Die *Sprach- und Sozialkompetenz* (elementare Erfahrung) hängt eng mit dem kommunikativen Bereich und dem personal-sozialen Bereich zusammen. Das ist sofort einsichtig, da die personal-soziale Entwicklung eng an die Möglichkeiten des kommunikativen Austauschs gebunden ist. Wer sich nicht mit anderen sprachlich verständigen kann, wird kaum die Chance haben, seine sozialen Fähigkeiten zu entwickeln. Dies wiederum schlägt sich unmittelbar in der Persönlichkeitsentwicklung nieder. Waren zuvor die Fähigkeiten im methodisch-kreativen Bereich als Voraussetzung für den kognitiven Bereich erschienen, so zeigt sich nun, dass die Fähigkeiten im personal-sozialen Bereich die Kompetenzen des kommunikativen Bereichs voraussetzen. Nur wer Sachverhalte, eigene Gefühle, Einsichten oder Eindrücke aus der eigenen Perspektive formulieren kann, wird sich reaktiv an Problem- und Aufgabenlösungen beteiligen (Mindeststandard). Nur wer adressatenbezogen reden kann, wird auch aktiv Initiative zur Bearbeitung von Aufgaben und Problemen ergreifen (Regelstandard). Nur wer sein diskursives Verhalten reflektieren kann, wird bei der Bearbeitung von Aufgaben und Problemen eigene Beiträge mit anderen koordinieren, d. h. von der eigenen Position aus auch andere Positionen wahrnehmen und in ihrer Äußerung berücksichtigen (Expertenstandard).

Durch die *Orientierungs- und Selbstkompetenz* (bezogen auf die Perspektive der elementaren Wahrheit) konstituiert sich der *religiös-existenzielle Bereich* als eigenständiger, originär religionsdidaktischer Kompetenzbereich. Den Mindeststandard für diesen Bereich bildet das Verständnis der eigenen Orientierungen: Jedes Kind und jeder Jugendliche soll im Religionsunterricht lernen, seine eigenen religiösen Vorstellungen exemplarisch bezogen auf die behandelten Themen und seinem Alter entsprechend zu verstehen. Die Schüler sollten darüber hinaus in der Lage sein, Gründe für ihre religiösen Orientierungen zu benennen, wiederum natürlich dem jeweiligen Alter entsprechend (Regelstandard). Der Expertenstandard beschreibt die Fähigkeit, diese Orientierungen im Dialog mit anderen selbstständig auf den Prüfstand zu stellen. Der selbstkritische Umgang mit den eigenen Orientierungen soll es ermöglichen, Orientierungen reflektiert und begründet zu dekonstruieren.

Religionsdidaktisch zu beachten sind die elementaren Zugänge der Schüler. Um ihre *Urteilskompetenz* zu entwickeln, müssen im Unterricht provokante, sie gegebenenfalls auch überfordernde Materialien zu Lernchancen arrangiert werden.

Die Beachtung der Zugänge ist nicht nur Aufgabe des Lehrers, sondern ist auch den Kompetenzen des Schülers zuzuordnen. Wir nennen dies den *religionspädagogischen Bereich*. Er hängt eng mit dem kognitiven und methodisch-kreativen Bereich zusammen, weil die Beachtung der eigenen Lernprozesse (Lerninteressen, Lernverhalten, Lernfort- und Lernrückschritte) methodisches Bewusstsein fordert und fördert, das immer an konkrete, besonders kognitiv bestimmte Inhalte gebunden ist: Es gibt kein Lernen ohne Inhalt und keinen Inhalt, ohne dass er jemals gelernt worden ist. Der Mindeststandard, zu dem die Schüler geführt werden müssen, ist die Wahrnehmung ihrer eigenen Zugänge zu religiösen Themen. Damit ist ganz schlicht die Fähigkeit gemeint, das eigene Lernen selbst zu betrachten: Dieses oder jenes reizt mich, macht mir Spaß, macht mir Angst, verunsichert mich, gefällt mir etc. Der Unterricht muss die Schüler ermutigen und ihnen Zeit geben, ihren eigenen Zugang zu religiösen Medien in Augenschein zu nehmen. Die Fähigkeit der Selbstwahrnehmung ist die Voraussetzung dafür, Genuss am Lernen zu empfinden und den Regelstandard, den eigenen Zugang reflektieren zu können und ihn dadurch ernst zu nehmen, zu erreichen. Wer weiß, warum er oder sie gerade keinen Zugang zu einem Thema findet, kann sich selbst in einem zweiten Schritt andere Zugänge eröffnen. Der Expertenstandard beschreibt die Fähigkeit, die Zugänge anderer mit eigenen Zugängen zu verbinden und den eigenen Zugang mit den Zugängen anderer zu koordinieren. Das ist schon eine Aufgabenbeschreibung für professionelle Religionslehrkräfte: Zugänge zum christlichen Glauben für andere zu eröffnen erfordert es, den eigenen Zugang wahr- und ernst zu nehmen und gleichzeitig die Zugänge der anderen immer im Blick zu behalten, wodurch sich der eigene Zugang zwangsläufig vertieft und weitet.

Vergleicht man die Niveauunterschiede in allen Bereichen, so zeigen sich die Unterschiede zum einen in der Bearbeitungstiefe und zum anderen in der Eigenständigkeit des Zugriffs: Das Basisniveau (A: Mindeststandard) ist dadurch charakterisiert, dass Inhalte oder Aufgabenstellungen lediglich reproduziert werden, der Anstoß dazu erfolgt meistens von außen. Das Regelniveau (B: Regelstandard) bezeichnet darüber hinaus die Reorganisation unterschiedlicher Informationen oder Aufgabenstellungen aus eigenem Antrieb. Und das Exzellenzniveau (C: Experten- oder Maximalstandard) ist dadurch gekennzeichnet, dass Informationen, Orientierungen und Zugänge miteinander verglichen und durch begründete Methodenwahl in einem selbstständigen Zugriff in neue Zusammenhänge gestellt werden.

1. Zugänge zum Thema

M 1 Abstrakte Vorstellungsbilder zum Thema „Tod und Auferstehung“ bzw. „Tod und Leben“

Kompetenzschwerpunkte: *Religionspädagogischer Bereich:* Eigene Vorstellungen als Grundlage für die Auseinandersetzung mit dem Thema wahrnehmen (A), den eigenen Zugang kritisch reflektieren (B), die unterschiedlichen Zugänge miteinander verbinden und diskutieren (C).

Planung: Normalerweise reichen zum Anfertigen eines abstrakten Vorstellungsbildes 15 Minuten aus. Wenn Sie die Schüler mit Farben arbeiten lassen, kann es auch schon mal 30–40 Minuten dauern. Bei einer Kursgröße von bis zu 15 Schülern kann jeder sein Bild vorstellen, ansonsten empfiehlt es sich, dass sich die Schüler in Dreiergruppen ihre Bilder untereinander vorstellen und dann eines auswählen, das sie gerne im Plenum präsentiert sehen wollen. Möglich ist auch ein Museumsrundgang. Wichtig ist bei dieser Methode, dass es nicht darauf ankommt, die Bilder von den anderen interpretieren zu lassen, sondern dass die Schüler ihre Vorstellungen in Bild und Text äußern.

Erwartungshorizont: In unterschiedlichen Gruppen kamen sehr verschiedene Vorstellungen zum Vorschein: klassisch christliche, fernöstlich angehauchte, synkretistische, aber auch ganz individuelle Vorstellungen. Sehr interessant ist, dass auch die christlichen Vorstellungen in der Regel persönlich „gefärbt“ sind.

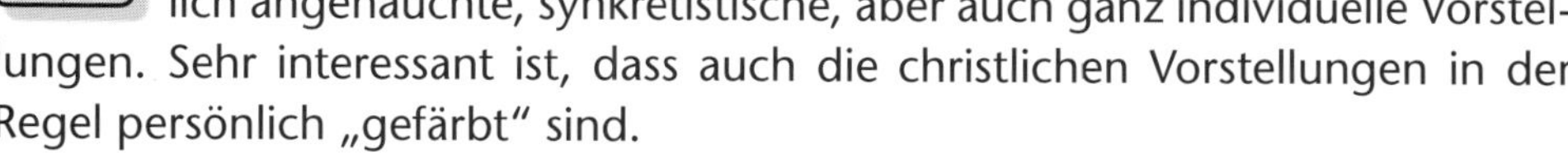

Text der Schülerin zu ihrem Bild: *„Der Tod symbolisiert für mich etwas, das man sieht und auf das man zukommt. Deshalb der Blick von oben. Man muss durch die dunklen, unangenehmen Spitzen durch. Sie könnten für das Sterben stehen. Im Hintergrund aber ist der Tod etwas völlig Verschiedenes, etwas Neues, nicht erkennbar für mich. Die vielen Farben in der Mitte stehen hier für Verschiedenheit. Außerdem habe ich kein bestimmtes Objekt gezeichnet, da ich nichts erkennen kann und alles verschwommen ist.“*

M 2 Michael Welker: Das Geheimnis menschlicher Personalität

Kompetenzschwerpunkte: *Methodisch-kreativer und personal-sozialer Bereich:* Die Problematik der Aufgabe verstehen, den Kern einer Person zu erkennen (A), die Aufgabe selbst zu lösen versuchen und das Gelingen und Scheitern der Lösungsversuche wahrnehmen (B), Gründe für Gelingen oder Scheitern benennen und geeignete Erkenntnisformen an Beispielen konstruktiv erklären (C).

Erwartungshorizont: Die erste Aufgabe verlangt eine elementarisierende Systematisierung des Textes, etwa in der These, dass eine Person durch die Gesamtheit ihrer Beziehungsgeschichten zu anderen Menschen zu charakterisieren ist. Die zweite Aufgabe animiert dazu, die abschließende Frage Welkers zu beantworten (Autobiografie? Film? Fotos? Anekdoten? Hinterlassenschaften? etc.). Die weiterführende Aufgabe regt an, es selbst einmal auszuprobieren und selbst die Erfahrung zu machen, dass es sehr schwierig ist, zu erfassen, was eine Person als Person ausmacht. Die Lebensgeschichte eines Menschen ist nicht abschließend darstellbar, dennoch kann, etwa durch das Erzählen typischer Geschichten, etwas von der Besonderheit einer Person erschlossen werden.

M 3 Kurzfilm „Fragile“: Struktur des Films und Beobachtungsaufgaben

Kompetenzschwerpunkte: *Methodisch-kreativ und religionspädagogisch:* Sich vom Film anrühren lassen, den eigenen Zugang zum Thema „Tod“ über das Medium des Films wahrnehmen und ihn in Grundzügen äußern (A), den eigenen Zugang im Zusammenhang mit der ästhetischen Qualität des Films reflektieren (B), im Dialog der unterschiedlichen Zugänge zum einen die Gründe für die ästhetische Qualität des Films erfassen und zum anderen den eigenen Zugang erweitern, vertiefen, gegebenenfalls transformieren (C).

Existentiell-religiös: Die eigene existentielle Orientierung zum Thema „Tod" wahrnehmen (A), sie vor dem Hintergrund der im Film angebotenen Erklärungsversuche verstehen und diskutieren (B) und sie, angeregt durch den Dialog mit dem Medium Film und den Interpretationen der Mitschüler gegebenenfalls verändern (C).

Planung: Der preisgekrönte Kurzfilm „Fragile" von Sikander Goldau (2003, 20 Minuten) ist in fast jeder Medienstelle ausleihbar.

Einleitung (Übergang von M 2): Der Filmregisseur Goldau versucht in seinem Film, das Leben Katrins in seiner Ganzheit zu vergegenwärtigen.
Erste Rezeption des Films: Nach dem Film benötigen die Schüler Zeit, um den emotional stark berührenden Film in Stille zu verarbeiten. Hilfreich ist eine schriftliche Auseinandersetzung, etwa in einem Schreibgespräch (Kommunikation mit den anderen), das Raum für Assoziationen und Gefühle zum Film gibt.
Zweite Rezeption des Films: kann mithilfe von M 3 erfolgen.

Erwartungshorizont: Der Film beschreibt den durch ein Reh auf einer Landstraße ausgelösten Unfalltod der Hauptfigur Katrin, die mitten im Leben steht (sie lernt beim Autofahren eine neue Sprache). Ihre Bitte, sich noch von ihren nächsten Angehörigen verabschieden zu dürfen, wird erhört. Ein Mann (Todesengel?) begleitet sie auf ihren letzten irdischen Wegen. M 3 fasst die Komposition des Films zusammen, indem die zentralen Sätze des „Engels" aus dem Off und aus dem abschließenden Gespräch zwischen ihm und Katrin aufgeschrieben sind. Durch sie werden die einzelnen Abschiedsszenen abgeschlossen und miteinander verbunden. Die Botschaften des Engels regen zum Nachdenken und Widerspruch an: Was soll es bedeuten, wenn sowohl Leben und Tod als Illusion betrachtet werden? Kann der Trost, dass alles seine Zeit hat (Bezug zu Kohelet), wirklich die Angst vor dem Tod bannen? Wie ist das Verhältnis von Leib und Seele zu bestimmen: Ist der Leib wirklich nur ein zerbrechliches Gefäß, das die Seele auf dem Heimweg zurücklassen kann?
Die Lichtregie vermittelt eine steigende Diffusität in den Begegnungen Katrins, auch um anzudeuten, dass sie sich ihrem Tod immer mehr nähert. Die Symbolik der Hände verweist auf die Qualität ihrer Beziehungen und darauf, was im Leben wirklich wichtig ist. Die Tiersymbolik bezüglich des scheuen Rehs – dass Katrin es nicht überfährt, wird erst am Ende des Films als Unfallursache deutlich – spiegelt die zentrale Aussage des Films wider: Im Angesicht des Todes wird klar, was das Wichtigste ist im Leben, nämlich die Beziehungen zu den nächsten Menschen (Kinder, Partner, Eltern). Das Leben ist zerbrechlich, fragil, wie ein scheues Reh, das schnell überfahren werden kann. Das Reh ist unschuldig, obwohl es den Tod Katrins verursacht, und steht somit für die ambivalente Absurdität des Todes. Er erscheint sinnlos und kommt immer zu früh. Zugleich ist es gut und schön, dass Katrin dem Reh das Leben rettet. Das Reh verkörpert zum einen die Materialität des Leibes und bildet auf diese Weise einen Gegenpol zu einem einfachen Leib-Seele-Dualismus, als der manche Worte des Engels (miss-)verstanden werden könnten. Zum anderen kann das Reh auch für den scheuen Windhauch der Seele stehen und auf diese Weise die Leib-Seele-Einheit symbolisieren.

M 4 Markus Knapp: Das Phänomen des Todes

Kompetenzschwerpunkte: *Kognitiv und personal-sozial:* Den naturwissenschaftlichen und existenziellen Zusammenhang von Leben und Tod wahrnehmen (A), die zwei Perspektiven in Bezug auf die eigenen Erfahrungen eigenständig miteinander verbinden und die einzelnen Aspekte für sich ordnen (B), im Diskurs mit dem Text die Integration des Todes in das eigene Selbstverständnis als Lebensaufgabe realisieren (C).

Planung: Kinder und Jugendliche haben in der Regel noch kein ausgeprägtes Todesbewusstsein, weil sie im Normalfall das ganze Leben noch vor sich haben. Daher ist vor der Lektüre des Textes von Knapp ein lebensnaher Bezug, etwa durch die Rezeption des Films „Fragile" (vgl. M 3) unbedingt erforderlich. Durch den Film können auch eigene schwierige Lebenserfahrungen mit Begrenzung, Leid und Tod im Schutz des Mediums bearbeitet werden.

Erwartungshorizont: Die erste Aufgabe fordert, den Text in fünf bis sechs Thesen elementarisierend zu paraphrasieren:

1. Naturwissenschaftliche Perspektive: Der Tod gehört zum Leben, insofern er Platz macht für Regeneration und neues Leben (Z. 1–8).

2. Existenzielle Perspektive: Integration des Todes in sein Leben als Aufgabe des Menschen, der sich seines unausweichlichen Todes bewusst ist (Z. 9–15).
3. Verdrängung dieser Aufgabe ist selbst ein Versuch, mit dem Tod umzugehen, der in sich widersprüchlich ist, weil er die Wirklichkeit des Todes voraussetzen muss, sich ihr aber nicht stellt (Z. 16–20).
4. Der Zustand des Todes kann sprachlich nicht antizipiert werden. Er ist das Fremde und Dunkle schlechthin (Z. 21–24).
5. Der Tod erscheint absurd, weil er immer zu früh kommt, es gibt immer unerfüllte Erwartungen und Sehnsüchte (Z. 25–32).
6. Aus dieser Sinnwidrigkeit des Todes resultiert die Schwierigkeit, sich im Tod loszulassen (Z. 33–39).

Die zweite Aufgabe fordert durch Hierarchisierung der Thesen zu eigenständiger Reflexion des Gelesenen heraus: Was ist mir am Wichtigsten? (Z. B. These 2, die Aufgabe, meinen eigenen Tod mit meinem Selbstverständnis zu vereinbaren.) Welcher These möchte ich widersprechen? (Z. B. These 3, dass Todesverdrängung in sich widersprüchlich ist, auch wenn es einem dadurch besser gehen kann; oder These 5, dass der Tod immer zu früh kommt, wenn ich etwa erlebt habe, dass Großeltern sich den Tod gewünscht haben und „alt und lebenssatt" gestorben sind.) Wird eine Reihenfolge eher gefühlsmäßig gesetzt, fordert die Begründungsaufgabe zu einer kognitiven Reflexion dieser Setzung heraus.

M 5 Markus Knapp: Traditionelle theologische Todesdeutungen

Kompetenzschwerpunkte: *Kognitiv und religionspädagogisch:* Im Vergleich zu den drei traditionellen theologischen Deutungen des Todes den eigenen Zugang wahrnehmen (A), diesen Zugang kritisch reflektieren (B) und im Dialog der unterschiedlichen Zugänge neue Deutungen entwickeln und sich ihnen öffnen, auch dem Zusammenhang von Sünde und Tod, der heutzutage recht sperrig erscheint (C).

Erwartungshorizont: Die erste Aufgabe erfordert eine Zusammenfassung und Reflexion der traditionellen theologischen Aussagen zum Thema Tod. Das Verständnis des Todes als Trennung von Leib und Seele ist überholt und nimmt die radikal negierende Macht des Todes nicht ernst (Z. 5–15). Das Verständnis des Todes als Ende des Pilgerstandes betont die Endgültigkeit und Unwiderruflichkeit des Todes, damit auch die Verantwortung des Menschen für sein Leben (Z. 16–22). Das Verständnis des Todes als Folge der Sünde ist nicht mit dem naturwissenschaftlichen Selbstverständnis heutiger Menschen vereinbar, wenn darunter verstanden wird, dass Adam durch die Erbsünde erst den natürlichen Tod bewirkt hätte. Die naturwissenschaftliche Perspektive öffnet den Blick für den eigentlichen Zusammenhang von Sünde und Tod (Z. 23–33). Die zweite Aufgabe fordert zu eigenständigem Theologisieren heraus. Der Dualismus von Leib und Seele dürfte vielen Jugendlichen vertraut sein und kommt in der Lebenswelt häufig vor (z. B. im Film „Fragile"). Die pädagogische Aufgabe besteht darin, den Schülern Kritik an diesem Dualismus zu ermöglichen und einen Zugang zu den anderen theologischen Aussagen zu eröffnen. Die Auffassung vom Ende des Pilgerstandes scheint ihnen wahrscheinlich fremd, das Sündenbewusstsein wird kaum ausgeprägt sein. Die Frage nach einem überzeugenden Zusammenhang von Tod und Sünde soll zu eigenem theologischen Nachdenken motivieren. Der aus der griechischen Philosophie stammende Leib-Seele-Dualismus nimmt die Wirklichkeit des Todes nicht ernst und kann deshalb als Deutung des Todes nicht nachhaltig überzeugen, auch wenn viele Menschen daran noch festhalten. Der Zusammenhang von Tod und Sünde muss neu bedacht werden. Das eigene Nachdenken motiviert dazu, den Lösungsvorschlag von Markus Knapp wahrzunehmen und zu diskutieren (M 6).

M 6 Markus Knapp: Eine neue Interpretation des Todes als Folge der Sünde

Kompetenzschwerpunkte: *Kognitiv und existenziell-religiös:* Die theologische Erklärung des Zusammenhangs von Tod und Sünde als Veränderung im Verhältnis zum Tod wahrnehmen und auf die eigene Orientierung beziehen (A), die bleibende Fremdheit des Todes auch im Gefühl der Geborgenheit in Gott verstehen und dadurch angeregt werden, die eigene Orientierung zur Macht des Todes zu begründen (B), im Dialog mit dem Text und den Mitschülern die bleibende Herausforderung des Todesphänomens realisieren und dadurch die eigene Orientierung kritisch überprüfen und gegebenenfalls verändern (C).

Erwartungshorizont: Die erste Aufgabe sichert das Textverständnis, indem sie seine Kernthese wiederholt und zur Erläuterung auffordert: Die Sünde ist zu verstehen als Abwendung von Gott (Z. 4–6). Durch den Verlust des Vertrauens auf die Schöpfermacht Gottes räumt der Mensch dem Tod eine absolute Macht über ihn ein. Nicht der natürliche Tod ist Folge der Sünde, sondern das Verhältnis des Menschen zu seiner Abhängigkeit vom Tod (Z. 6–15). Der Tod als „Abbruch aller Beziehungen" schließt dann auch den Abbruch der Beziehung mit Gott ein. Er ist eine Folge der Sünde, insofern sich der Mensch selbst von dieser Beziehung zu Gott trennt (Z. 16–28). Im Tod verliert der Mensch im Abbruch aller Beziehungen auch sich selbst. Er hat nichts mehr in der Hand, seine Möglichkeiten sind erschöpft (Z. 29–34). Die zweite Aufgabe fordert die persönliche Stellungnahme durch eine im Sinn des Textes falsch gestellte Frage heraus: Inwiefern kann die Sünde der Abwendung von Gott das „Dunkle und Fremde des Todes" erklären? Antworten auf diese Frage können das Textverständnis vertiefen, denn auch für diejenigen, die sich ganz in Gottes Liebe geborgen wissen, bleibt der Tod dunkel und fremd: Jesu Schrei der Gottverlassenheit am Kreuz. Der Tod zeigt seine Macht im Abbruch aller Beziehungen. Dadurch entfaltet er auch im Leben eine Macht, die in der Sünde der Abwendung des Menschen von Gott wurzelt. Die Geborgenheit in der Liebe Gottes bewahrt nicht vor der Erfahrung des absoluten Beziehungsabbruchs im Tod (Schrei Jesu), ermöglicht allerdings, im Leben ein anderes Verhältnis zu diesem Beziehungsabbruch einzunehmen (die anderen Worte Jesu am Kreuz, seine Selbsthingabe an den Vater).

M 7 Peter F. Schmid: Die zentrale Bedeutung des Körperlichen

Kompetenzschwerpunkte: *Kognitiv und personal-sozial:* Eine dualistische Anthropologie von einer biblisch-ganzheitlichen unterscheiden und diese Unterscheidung auf eigene Leiberfahrungen beziehen (A), die philosophischen Hintergründe der dualistischen Anthropologie benennen und ihre gesellschaftlichen Folgen auch für die eigenen Leiberfahrungen wahrnehmen (B), die dualistische Anthropologie in gesellschaftlichen Phänomenen identifizieren und dadurch selbstkritisch eigenen Leib-(Miss-)verständnissen auf die Spur kommen (C);
Existentiell religiös: Eine mögliche religiöse Orientierung am ganzheitlichen Auferstehungsglauben verstehen (A), begründen (B) und selbstkritisch im Dialog mit anderen festigen oder verändern (C).

Planung: Die Frage zur Vorerschließung fordert die Schüler indirekt auf, für sich selbst zu klären, was ihnen die Materialität ihres Körpers eigentlich bedeutet. Die Hilfsfragen stellen diese Frage direkt und können je nach Lerngruppe erst einmal weggelassen werden. Je nach Unterrichtssituation wird es sinnvoll sein, einzelne Aspekte schriftlich zu vertiefen. Mögliche Arbeitsaufträge könnten sein, positive und negative Erfahrungen mit der Schulmedizin aufzuschreiben und vor dem Hintergrund der Kritik an einer dualistischen Anthropologie zu reflektieren oder die Lernenden darüber nachdenken zu lassen, welche Wirkungen der Körperkult der Gesellschaft bzw. die mediale Dauerpräsenz schöner nackter Körper auf sie hat.

Erwartungshorizont: Die erste und zweite Aufgabe eröffnen den Schülern die Möglichkeit, den Text von Schmid als kritische Anfrage an den theologischen Versuch wahrzunehmen, die Rede von der Auferstehung des Fleisches durch den Verweis auf ihre symbolische Bedeutung zu entschärfen. Wenn Tertullian (ca. 150–230 n. Chr.) das Fleisch als „Angelpunkt des Heils" bezeichnet, wirkt das zunächst fremd. Das lateinische Wort *cardo*, Dreh- oder Angelpunkt, meint ursprünglich die „Türangel". In diesem Sinne ist das Fleisch Tür zur Welt und zu jeglicher Erfahrung. Schwierigkeiten mit dem Glauben an die Auferstehung des Fleisches können in einer unbiblischen, dualistischen (platonischen) Anthropologie und deren Ambivalenz begründet sein. Vorteile wären etwa die „cartesianische" (Z. 26) Unterscheidung zwischen *res extensa* (Körper) und *res cogitans* (Geist, nach dem Philosophen René Descartes, 1596–1650) und der daraus entstandene medizinische Fortschritt, der den Körper des Menschen wie ein mechanisches System betrachtet, das methodisch zerlegt und zusammengesetzt werden kann. Ein Beispiel für die einseitige Verabsolutierung dieser Perspektive findet sich beim Kollegen des Autors, der Masseur ist (Z. 2–5).
Die dritte Aufgabe fordert dazu auf, den ganzheitlichen Glauben an die Auferstehung als Widerspruch zu einem einseitigen Verständnis des Leibes wahrzunehmen: Der Leib ist mehr als eine Maschine oder ein Objekt der „Körperkultur und sexuellen Freizügigkeit", der „Anbetung materieller Werte und des Fetisch Jugend" (Z. 17 f.). Er ist Realsymbol des Individuums mit seiner unverwechselbaren Geschichte, von Gott geliebt auch in allen Verkrümmtheiten und Hässlichkeiten. Der Glaube an die Auferstehung des Fleisches

lenkt den Blick auch auf das Nichtgelungene menschlichen Lebens, wie es sich in den Wunden des Körpers eingraviert, und stärkt die Hoffnung, dass auch diese Wunden einmal geheilt werden.

M8 Peter F. Schmid: Was heißt Auferstehung?

Kompetenzschwerpunkte: *Methodisch-kreativ und religionspädagogisch:* Die Schüler reproduzieren die ihnen bekannten Bilder von Auferstehung und nehmen auf diese Weise ihren eigenen Zugang zum Thema wahr (A), sie durchdringen unterschiedliche Bilder als Zugänge zum Auferstehungsglauben, begründen ihre Zuneigung bzw. Abneigung und reflektieren dadurch ihre eigenen Zugänge (B), sie vergleichen die unterschiedlichen Bilder und transformieren sie im Hinblick auf ihre eigenen Zugänge, die sie auf diese Weise mit den Zugängen anderer Mitschüler und den Zugängen des Textes verbinden (C).

Planung: Zur Vorerschließung sollen die Schüler Bilder oder Beispiele dafür finden, was Auferstehen für sie heißt bzw. nicht heißt. Später werden dann die eigenen Bilder mit den Bildern des Textes verglichen. Es wird begründet, ob und inwiefern sie das christliche Hoffnungsbild zum Ausdruck bringen.

Erwartungshorizont: Die Schüler beantworten die Frage, was die Hoffnung auf Auferstehung bedeutet. Sie soll abgegrenzt werden vom Glauben an ein „Weiterleben des biologischen Körpers" (Z. 3), an ein Weitermachen „als ob nichts gewesen wäre" (Z. 6), an eine Wiedergeburt im Kreislauf von Tod und Leben (Z. 8 f.) und an einen absoluten Neuanfang auf einer *tabula rasa* mit dem vielleicht sogar erhofften Verlust der alten Identität (Z. 10 f.). Demgegenüber steht die christliche Auferstehungshoffnung von der „Unzerstörbarkeit der personalen Identität" als das „Weiterleben des ganzen Menschen als leibhaftige Person" (Z. 4 f.). In seiner Treue zu den Menschen löst Gott sein Versprechen ein und erweist sich als unbedingte Liebe (Z. 21–28). Die Beziehungsdimension ist somit ein Schlüsselkriterium zur Beurteilung von Auferstehungshoffnungen: Welche Fragen muss eine Auferstehungshoffnung beantworten können? Sie muss Aussagen treffen zur Bedeutung der zwischenmenschlichen Beziehungen vor dem Tod, Kriterien dafür nennen, welche Wirklichkeiten des menschlichen Lebens ‚auferstehen' sollen und welche nicht usw. Die Abgrenzungen sind wichtig, weil sich in ihnen Positionen zeigen, die heute von vielen Jugendlichen unreflektiert vertreten werden (etwa Reinkarnationsglaube). Diese Positionen dürfen im Unterricht nicht offensiv diffamiert werden, sondern müssen als Ausdruck der Sehnsucht nach „neuem Leben" ernst genommen werden. Das Bild der „neuen Schöpfung" als zentrales Hoffnungsbild christlicher Auferstehung muss den Schülern deutlich werden, damit sie sich für oder gegen diese Hoffnung entscheiden können. Die „neue Schöpfung" sprengt „die Grenzen unserer Endlichkeit" (Z. 6 f., 14 f.), befreit uns somit „vom Zwang zur Selbsterlösung" und öffnet uns „für Hingabe und Liebe" in der endgültigen, unauflösbaren Gemeinschaft mit Gott (Z. 19 f.). In der Auferstehung erfüllt sich der Glaube daran, dass die Liebe, die Gott ist, stärker ist als der Tod.

Abstrakte Vorstellungsbilder zum Thema „Tod und Auferstehung" bzw. „Tod und Leben"

Arbeitsauftrag:

Teilen Sie die folgende leere Fläche in zwei Hälften. Zeichnen Sie in die obere Hälfte ein abstraktes Vorstellungsbild zum Thema „Tod und Auferstehung" (bzw. „Tod und Leben"). Versuchen Sie, in abstrakten Formen zu Papier zu bringen, was Ihnen beim Denken an diese Begriffe durch den Kopf schießt. Hier kommt es nicht auf künstlerische Qualität an, sondern darauf, dass Sie Ihrer Fantasie und Kreativität freien Lauf lassen.

Wenn Sie mit Ihrer Zeichnung fertig sind, notieren Sie auf der unteren Hälfte des Blattes, was Sie für sich mit dem Bild zum Ausdruck gebracht haben.

Vergleichen und diskutieren Sie Ihre unterschiedlichen Vorstellungen. Sie können z. B. dazu eine Mindmap an der Tafel erstellen.

Weiterführender Arbeitsauftrag:

Um weitere Vorstellungen über ein Leben nach dem Tod zu sammeln, können Sie Passanten zu diesem Thema befragen. Entwickeln Sie dazu, ausgehend von Ihren eigenen Vorstellungen, einen Fragebogen.

Michael Welker: Das Geheimnis menschlicher Personalität

Ein Beispiel für die erkenntnisfördernde Kraft des Glaubens, für seine Überlegenheit gegenüber dem nur naturalistischen Wissen sowie für seine erkenntniserschließenden kommunikativen Vollzüge: Stellen Sie sich vor, Sie fragen: Wer ist meine Mutter? Ist sie das kleine Mädchen mit der großen Schleife im Haar, das auf dem schon vergilbten Foto so ernst, fast andächtig in die Kamera blickt? Ist sie die junge Frau, die mich jubelnd in die Luft wirft und die mir doch nur wie ein Schatten in dunklen Erinnerungen aus frühen Kindertagen gegenwärtig ist? Ist sie die besorgte, mir oft allzu besorgte Frau, die große Teile meines Lebens mit unbedingter Treue und unbedingtem freudigem Interesse verfolgte? Oder ist sie [...] die hinfällige Frau, das ausgemergelte und vom Tod gezeichnete Angesicht, dem ich an ihrem Sterbebett mit großer Traurigkeit in die Augen sah? Unsere [...] Antwort wird sein: Meine Mutter ist dies alles – und sie ist weit mehr als diese wenigen Rückblicke auf einen Lebensweg erschließen. Dieses ‚alles' aber begleitet uns zumindest in den Tiefendimensionen unseres Lebens und Erlebens. Wenn wir Geschwister, Kinder, Verwandte haben, werden Fragmente und Dimensionen dieses Lebens erzählend vergegenwärtigt und wirken wohl auch prägend auf diese und jene Lebensentscheidung und Lebensäußerung ein. Ein Leben ist [...] gegenwärtig, ohne Begrenzung des Anschlusses an die Linearität des biologischen Lebensweges. Welche Erkenntnisformen sind seiner Vergegenwärtigung angemessen?

Michael Welker: Die Gegenwart des auferstandenen Christus als das Wesentliche des Christentums. In: Wilfried Härle (Hg.): Das ist christlich. Nachdenken über das Wesen des Christentums. Gütersloh 2000

Arbeitsaufträge:

1. *Formulieren Sie die Grundaussage des Textes in einem Satz, indem Sie zu bestimmen versuchen, was eine Person als Person ausmacht.*
2. *Beantworten Sie die Frage, die Welker zum Schluss stellt.*
   Hilfsfrage: Wie vergegenwärtigen Sie für sich Personen, die Ihnen lieb waren, die aber bereits gestorben sind?

Weiterführender Arbeitsauftrag:

Beschreiben Sie eine Person, die Ihnen viel bedeutet.

Kurzfilm „Fragile“: Struktur des Films und Beobachtungsaufgaben

RAHMENERZÄHLUNG: UNFALL DER HAUPTFIGUR KATRIN

Abschied von ihrer jüngsten Tochter Julie auf dem Schulhof
Reflektierender Text aus dem Off: *„Wo ist die Quelle dieser Stille? Was ist es, das in uns atmet? Das Lebendige, wie ist es in uns geraten? So unschuldig. So kostbar.“*

Abschied von ihrer ältesten Tochter Carla in der Fußgängerzone
Reflektierender Text aus dem Off: *„Wurde uns das Leben eingehaucht? Wie ein flüchtiger Wind? Jeder Pflanze? Jedem Tier? Jedem Menschen? Mit jedem Atemzug eine Prise Leben. Mit jedem Atemzug dem Tod ein Stück näher.“*

Abschied von ihrem Ehemann im Fotoatelier
Reflektierender Text aus dem Off: *„Woher kommt diese Furcht in uns? Wir arbeiten und essen. Wir lachen. Wir sind besorgt um unsere Jugend, um unseren Körper. Doch eines Tages wird er zerbrechen wie ein altes Gefäß.“*

Abschied von ihrer Mutter im Krankenhaus
Reflektierender Text aus dem Off: *„Alles hat seine Zeit. Geborenwerden hat seine Zeit. Sterben hat seine Zeit. Diese verschüttete Erinnerung in uns, hab keine Angst vor ihr! Als du ein Kind warst, hast du manchmal hinaufgeschaut zu den Sternen …“*

Abschließendes Gespräch auf der Treppe im Freien
„Wenn es Zeit ist, wird unsere Seele zurückgerufen. Wie ein scheuer Windhauch fliegt sie davon aus unserem zerbrechlichen Leib und nimmt uns mit nach Hause. Hab keine Angst, es ist eine Heimkehr. Der Tod ist eine Illusion.“

Schlittschuhlaufen
„Lass uns gehen.“

Arbeitsaufträge:

Gruppe A: Lichtsymbolik

1. *Beschreiben Sie, wie der Regisseur des Films in den einzelnen Szenen das Licht einsetzt. Wie ist das Verhältnis von Licht und Schatten, Dunkelheit und Helligkeit?*
2. *Setzen Sie die Lichtgestaltung des Films in Bezug zur Entwicklung der Hauptfigur Katrin.*

Gruppe B: Handsymbolik

1. *Beschreiben Sie, wie Aufnahmen der Hände in den einzelnen Szenen des Films eingesetzt werden. Welche Bedeutung haben die Hände im Film? Welche Intention könnte der Regisseur mit diesen Aufnahmen verfolgen?*
2. *Setzen Sie das Symbol Hand in Bezug zur Entwicklung der Hauptfigur Katrin.*

Gruppe C: Tiersymbolik

1. *Beschreiben Sie, wann und wie das Reh im Film auftaucht. Welche Bedeutung hat das Reh im Film? Welche Intention könnte der Regisseur mit diesen Aufnahmen verfolgen?*
2. *Setzen Sie das Symbol Reh in Bezug zur Entwicklung der Hauptfigur Katrin.*

Markus Knapp: Das Phänomen des Todes

Der Tod ist zunächst einmal ein natürliches Phänomen, das alles Leben betrifft, nicht nur das menschliche Leben. In dieser Perspektive lässt er sich beschreiben und verstehen als die Erschöpfung und Beendigung bestimmter biologisch-chemischer Prozesse, als die Auflösung der naturwissenschaftlich erfassbaren Grundlagen eines lebendigen Systems. Als solcher hat der Tod auch seinen guten Sinn: Das Absterben lebendiger Systeme schafft Raum für neue Systeme der gleichen Art. Der Tod verhindert die Überalterung einer Population; er dient ihrer Regeneration und hilft so, ihren Bestand zu sichern. Man kann deshalb durchaus sagen: Der Tod steht im Dienste des Lebens; denn dessen Fortbestand kann nur gesichert werden, wenn Leben sich immer wieder erneuert.

Diese naturwissenschaftliche Perspektive allein genügt jedoch für den Menschen nicht. Weil er um die Unausweichlichkeit des Todes – vor allem auch seines eigenen Todes – weiß, sieht er sich in eine existenzielle Beziehung zum Tod gestellt. Der Tod als das Ende seines Lebens gehört mit zu seiner Lebenswirklichkeit und muss in den Vollzug seines Lebens miteinbezogen und bewältigt werden. Der Mensch muss den Tod in irgendeiner Weise in sein eigenes Selbstverständnis integrieren. Der Tod ist also für den Menschen nicht nur ein biologisches Faktum wie bei allen anderen Lebewesen, sondern er wird für ihn zu einer existenziellen Herausforderung und unabweisbaren Aufgabe. Ihr kann man sich auch durch die Verdrängung des Todes nicht entziehen; denn das ist ja nichts anderes als der Versuch, mit dieser Aufgabe fertig zu werden, indem man sich ihrer einfach zu entledigen versucht. Das bleibt jedoch ein in sich widersprüchliches und damit aussichtsloses Unterfangen, weil der Tod unabdingbar zum Menschsein gehört und der Mensch daher von der mit ihm gegebenen Herausforderung wieder eingeholt wird.

In einer existenziellen Perspektive zeigt sich der Tod vor allem als etwas für den Menschen Unausdenkbares. […] Der Zustand des Todes entzieht sich unseren sprachlichen Ausdrucksmöglichkeiten und damit auch unseren Denkmöglichkeiten. So wird er zu etwas Dunklem und Undurchdringlichem und damit zu etwas für uns ganz und gar Fremdem.

Hinzu kommt, dass der Tod gewissermaßen immer zu früh kommt. […] Die alttestamentliche Perspektive, wonach etwa die Patriarchen Abraham und Isaak „alt und lebenssatt“ gestorben sind (Gen 25,8; 35,29), erscheint daher reichlich weltfremd. Das Leben ist immer zu kurz, um alle Erwartungen und Wünsche, Interessen und Neigungen, die in einem Menschen und seinen geistigen Bestrebungen offen oder verborgen vorhanden sind, zur Erfüllung kommen zu lassen. Auch Menschen, die sich den Tod wünschen – etwa weil sie unheilbar erkrankt sind, weil ihre Lebensenergie erschöpft ist, weil sie völlig vereinsamt sind oder warum auch immer –, tragen wohl tief in sich solche unerfüllten Erwartungen und Sehnsüchte, auch wenn diese mittlerweile ganz oder weitgehend verschüttet sind. […]

Im Tod wird der Mensch sich selbst entzogen, er ist an das Ende seiner Möglichkeiten gelangt, auch wenn vieles von dem, was er gewollt oder erhofft hat, nicht in Erfüllung gegangen ist. Darin besteht das Gewaltsame und das sinnwidrig Erscheinende des Todes, dass er das Dasein eines Menschen einfach abbricht. Deshalb fällt es vielen Menschen angesichts des Todes schwer, sich loszulassen; sie versuchen sich bis zum letzten Augenblick an ihr Dasein zu klammern, zumal die Dunkelheit des Todes, der Sturz ins Bodenlose sie erschrecken und erstarren lässt. So ist der Tod das dem Menschen zutiefst Fremde.

Markus Knapp: Tod, wo ist dein Sieg? Entnommen aus: Reinhard Göllner (Hg.): Mitten im Leben umfangen vom Tod – Tod und Sterben als individuelle und gesellschaftliche Herausforderung. Mit Beiträgen von Christof Breitsameter, Christian Frevel, Reinhard Göllner, Othmar Keel, Markus Knapp, Karl-Georg Reploh, Andreas Scheib und Alexander Sturm, Reihe: Theologie im Kontakt Bd. 16, 2010, ISBN 978-3-643-10521-9, Berlin/Münster/u.a. Seite 77-98

Arbeitsaufträge:

1. *Fassen Sie Knapps Beobachtungen zum Phänomen des Todes in fünf bis sechs Thesen zusammen.*
2. *Bringen Sie die Thesen in eine Reihenfolge, indem Sie die für Sie wichtigste Beobachtung an die erste Stelle setzen bis zu der letzten These, die für Sie nur eine geringe Bedeutung hat oder der Sie widersprechen. Begründen Sie Ihre Reihenfolge.*

Markus Knapp: Traditionelle theologische Todesdeutungen

Schaut man in traditionelle theologische Handbücher, so stößt man vor allem auf drei Aussagen über den Tod. Er wird dort zum einen verstanden als Trennung von Leib und Seele, zum zweiten als das Ende des Pilgerstandes und zum dritten als Folge der Sünde. Wie sind diese drei Aussagen zu verstehen und zu beurteilen?

Das *Verständnis des Todes als Trennung von Leib und Seele* stammt aus der griechischen Philosophie und wurde von daher ins Christentum übernommen. Es war über eine sehr lange Zeit hin in Kirche und Theologie das weithin selbstverständliche Todesverständnis, das dann allerdings [...] problematisch wurde; in dem Maße, wie eine metaphysisch-dualistische Aufteilung des Menschen in einen sterblichen Leib und eine unsterbliche Seele ihre Überzeugungskraft verlor, wurde auch dieses Todesverständnis seiner Plausibilität beraubt. Das vermag dann jedoch den Blick neu dafür zu schärfen, dass mit ihm auch eine Verharmlosung und Verdrängung, ja in gewisser Weise sogar eine Verleugnung des Todes einhergeht. Denn wenn ein Teil des Menschen, seine unsterbliche Seele, nach ihrer Trennung vom Leib weiter zu existieren vermag, ist sie selbst ja vom Tod jedenfalls nicht ganz und voll betroffen. Man wird deshalb bezweifeln müssen, ob dieses Verständnis den Tod als eine radikal negierende Macht ernst nimmt, durch die der Mensch als ganzer sich selbst vollständig genommen wird.

Neben diesem Todesverständnis wird in den traditionellen theologischen Lehrbüchern der *Tod als das Ende des Pilgerstandes* charakterisiert. Damit ist gemeint, dass mit dem Tod das definitive Ende aller Möglichkeiten eines Menschen erreicht ist. Der Mensch hat nun nicht mehr die Möglichkeit, ein anderer zu werden als der, der er in seinem Leben in dieser Welt geworden ist. Es wird hier also die Endgültigkeit und Unwiderruflichkeit des Todes betont. Damit wird zugleich die Verantwortung hervorgehoben, die der Mensch für sein Leben und das, was er aus diesem Leben macht, hat. Denn mit dem Eintritt des Todes kann der Mensch daran dann nichts mehr ändern. [...]

Schließlich wird traditionellerweise der *Tod als Folge der Sünde* verstanden. Das geht auf Paulus zurück, der den Tod als „Sold der Sünde“ bezeichnet (Röm 6,23). Eine besondere Bedeutung hat das dann im Zusammenhang der Lehre von der Erbsünde gespielt. So wird vom Konzil von Trient als verbindliche kirchliche Glaubensüberzeugung verkündet: Adam, der erste Mensch, hat sich durch die Übertretung des göttlichen Gebotes im Paradies den Tod zugezogen; und dieser ist dann von Adam auf seine ganze Nachkommenschaft, also das ganze Menschengeschlecht übertragen worden. Dabei war in der kirchlich-theologischen Tradition ganz eindeutig der natürliche Tod gemeint. So lehrt bereits im Jahre 418 die in diesem Zusammenhang wichtige Synode von Karthago unter dem Einfluss des Augustinus, Adam sei nicht sterblich geschaffen worden; er hätte somit nicht sterben müssen, wenn er nicht gesündigt hätte. Noch das 2. Vatikanum geht davon aus, dass der Mensch ohne den Sündenfall dem leiblichen Tod entzogen gewesen wäre.

Das bleibt jedoch mit einem naturwissenschaftlich informierten Weltbild unvereinbar. Diese Einsicht kann dann den Blick für den eigentlichen theologischen Zusammenhang zwischen Sünde und Tod neu schärfen.

Markus Knapp: Tod, wo ist dein Sieg? Entnommen aus: Reinhard Göllner (Hg.): Mitten im Leben umfangen vom Tod – Tod und Sterben als individuelle und gesellschaftliche Herausforderung. Mit Beiträgen von Christof Breitsameter, Christian Frevel, Reinhard Göllner, Othmar Keel, Markus Knapp, Karl-Georg Reploh, Andreas Scheib und Alexander Sturm, Reihe: Theologie im Kontakt Bd. 16, 2010, ISBN 978-3-643-10521-9, Berlin/Münster/u.a. Seite 77-98

Arbeitsaufträge:

1. *Fassen Sie die drei theologischen Deutungen des Todes mit eigenen Worten zusammen und diskutieren Sie die Chancen und Grenzen dieser Deutungen.*

2. *Interpretieren Sie die Deutung des Todes als „Sold der Sünde“ vor dem Hintergrund eines naturwissenschaftlich orientierten Weltbildes. Wenn die Aussage heute nicht mehr überzeugt, der Mensch wäre ohne den Sündenfall vom leiblichen Tode verschont geblieben, wie könnte dann der „eigentliche theologische Zusammenhang zwischen Sünde und Tod neu“ dargelegt werden (Z. 35 f.)?*

Markus Knapp: Eine neue Interpretation des Todes als Folge der Sünde

[Die Überzeugung, der Mensch wäre ohne den Sündenfall vom leiblichen Tod verschont geblieben,] bleibt jedoch mit einem naturwissenschaftlich informierten Weltbild unvereinbar. Diese Einsicht kann dann den Blick für den eigentlichen theologischen Zusammenhang zwischen Sünde und Tod neu schärfen. Denn die Sünde besteht ja darin, dass der Mensch sich von Gott abwendet und so die Gemeinschaft mit seinem Schöpfer zerstört. Dadurch verändert sich dann auch das Verhältnis des Menschen zu seinem Tod. Als Sünder, in der Abwendung von Gott, lebt der Mensch ganz auf sich selbst zentriert; er vertraut ganz auf seine eigenen Kräfte und Möglichkeiten. Im Tod kommen nun aber gerade diese menschlichen Kräfte und Möglichkeiten definitiv an ihr Ende. So sieht sich der Mensch dann dem unweigerlich auf ihn zukommenden Tod hoffnungslos ausgeliefert. In diesem Sinne kann der Tod als Folge der Sünde verstanden werden: Durch seine Abwendung von Gott in seiner schöpferischen Macht verhilft der Mensch dem Tod zu einer uneingeschränkten, absoluten Macht über sich selbst und liefert sich ihm damit völlig, ohne jede Hoffnungsperspektive aus. Nicht das Sterbenmüssen als solches, der biologische Tod ist also eine Folge der Sünde; Folge der Sünde ist vielmehr ein verändertes Verhältnis zum Tod, infolgedessen der Mensch sich dem Tod als der letztgültig über ihn entscheidenden Macht ganz ausliefert.
Dieses Verständnis des Todes begreift ihn somit als Beziehungsverlust aufgrund der Abwendung des Menschen von Gott. Von daher kann sich dann ein umfassendes Verständnis des Todes eröffnen, das diese theologische Perspektive integriert. Der Tod zeigt sich dann nämlich als *schlechthinnige Beziehungslosigkeit*, als *Abbruch aller Beziehungen*, die Leben ermöglichen und erhalten. Denn Leben kann sich ja nur entfalten als Beziehungswirklichkeit in unterschiedlichen Dimensionen. Leben heißt in Beziehungen zu stehen. Der Mensch steht in Beziehungen mit anderen Menschen, mit denen er zusammenlebt; er ist Teil eines bestimmten Volkes mit seiner Kultur und Tradition sowie eines gesellschaftlichen und wirtschaftlichen Beziehungsgeflechtes. Menschliches Leben vollzieht sich darüber hinaus in einer Beziehung zur Natur, auch wenn dies immer gesellschaftlich und kulturell vermittelt ist. Und auch die chemisch-physikalischen Prozesse, die die biologische Grundlage jeder einzelmenschlichen Existenz bilden, sind ja nichts anderes als eine spezifische Form des In-Beziehung-Stehens mit der Natur. Theologisch gesehen steht der Mensch schließlich auch unabdingbar in Beziehung zu Gott als dem geheimnisvollen Grund allen Lebens, der dieses Leben dann auch umfängt und trägt. Alle diese Beziehungen brechen im Tod ab. Das macht das Dunkle und Fremde des Todes aus, dass er den Menschen aus all den Beziehungen herausreißt, die sein Leben ermöglicht und erhalten haben. Mit dem Abbruch dieser Beziehungen verliert der Mensch auch sich selbst; er wird sich selbst entzogen, behält nichts mehr in seiner Hand, sodass damit alle seine Möglichkeiten erschöpft sind. Der Tod raubt dem Menschen jegliche Lebens- und Zukunftsperspektive, indem er all die Beziehungen abschneidet, die für sein Leben konstitutiv waren.

Markus Knapp: Tod, wo ist dein Sieg? Entnommen aus: Reinhard Göllner (Hg.): Mitten im Leben umfangen vom Tod – Tod und Sterben als individuelle und gesellschaftliche Herausforderung. Mit Beiträgen von Christof Breitsameter, Christian Frevel, Reinhard Göllner, Othmar Keel, Markus Knapp, Karl-Georg Reploh, Andreas Scheib und Alexander Sturm, Reihe: Theologie im Kontakt Bd. 16, 2010, ISBN 978-3-643-10521-9, Berlin/Münster/u.a. Seite 77-98

Arbeitsaufträge:

1. *Erläutern Sie Knapps These, die alte theologische Deutung des Todes als „Sold der Sünde" sei heute als „schlechthinnige Beziehungslosigkeit" zu verstehen, die aufgrund der Abwendung des Menschen von Gott den „Abbruch aller Beziehungen" zur Folge habe (Z. 16–21); Folge der Sünde sei dann nicht der natürliche Tod, sondern ein verändertes Verhältnis zum Tod, das diesem absolute Macht über das Leben des Menschen einräume (Z. 12–15).*
2. *Nehmen Sie Stellung zu dieser These, indem Sie erläutern, inwiefern sie geeignet oder nicht geeignet ist, die Ursache für das „Dunkle und Fremde des Todes" (Z. 29 f.) für Sie zu klären.*

Peter F. Schmid: Die zentrale Bedeutung des Körperlichen

> *„Caro salutis est cardo." – „Das Fleisch ist der Angelpunkt des Heils."*
> (Tertullian, De resurrectione carnis 8,2)

Zur Vorerschließung des folgenden Textes:

Deuten Sie den Satz Tertullians. Bedenken Sie: „cardo" heißt ursprünglich „Türangel".
Hilfsfragen: Welche Bedeutung hat für Sie die Materialität Ihres Körpers? Wie gehen Sie mit diesem „Material" um? Inwiefern könnte es zentral sein für Ihr Heil?

In einer Diskussion über die Bedeutung der Angst vor dem Tod im Leben der Menschen meinte ein psychotherapeutischer Kollege zu mir: „Ich kann dir in deinen christlichen Vorstellungen schon ein gutes Stück weit folgen, auch wenn ich sie nicht teile. Aber du scheinst ja allen Ernstes an eine Unsterblichkeit des Menschen als Ganzen zu glauben, nicht nur an ein Weiterleben des Geistes. Und da, beim Körper, da steige ich wirklich aus. Das ist doch unmöglich." Er ist nebenbei auch Masseur und weiß also, wovon er redet.

Und alle einschlägigen Statistiken weisen aus, dass es weit mehr Menschen gibt, die an Gott, als solche, die an eine Auferstehung glauben.

Es ist in der Tat ein intellektuelles Skandalon, nicht geringer als zu Paulus' Zeiten (Apg 17,32), wenn wir von der „Auferstehung des Fleisches" reden, wie es im Apostolischen Glaubensbekenntnis [...] wörtlich heißt. Wir glauben an die Auferstehung des Fleisches. Es geht nicht um das Fortleben der Seele und das Vergehen des Leibes. Von der Auferstehung zu reden, heißt nicht nur vom Schöngeistigen zu reden, es heißt, vom Fleisch zu reden, vom so augenfällig Vergänglichen und Sinnlichen. [...] Es geht also um den ganzen Menschen.

Dass dies so provokant und unglaublich klingt, ist letztlich das Ergebnis einer das Leibliche diskriminierenden Einstellung, die nur aus der tiefen Herabminderung alles Materiellen zu verstehen ist, die trotz aller Körperkultur und sexuellen Freizügigkeit, trotz aller Anbetung materieller Werte und des Fetisch Jugend tief in uns sitzt. Der so augenfällig vergängliche menschliche Körper scheint uns Beweis genug zu sein, alles Körperliche gering zu achten. Nach wie vor ist uns, wie der griechischen Vorstellung vom *soma* als *sema*, der Körper ein Gefängnis der Seele und des Geistes. Und die kirchliche Tradition hat (im Gegensatz zum jüdischen Menschenbild) das Ihre getan, solche Leibfeindlichkeit tief in unser Bewusstsein einzuwurzeln.

So ist der Glaube an die Auferstehung zuallererst ein Bekenntnis zu einem ganzheitlichen Menschenbild, zu einem Menschen, der nicht (dualistisch verstanden) aus Leib *und* Seele besteht, sondern der, wenn man so will, eine Leib-Seele-Geist-Einheit ist. Die Notwendigkeit, zu solchen Formulierungsungetümen zu greifen, zeigt schon, wie sehr das cartesianische, zutiefst unchristliche Erbe immer noch in uns sitzt. Der christliche Auferstehungsglaube hingegen ist eine Aufwertung des Leiblichen und dessen unvergänglicher Würde. „Caro salutis est cardo" – „Das Fleisch ist der Angelpunkt des Heils", bringt es Tertullian auf den Punkt.

Peter F. Schmid: Ein Gott der Lebenden. Auferstehung als Beziehung. in: Diakonia 27 (1996) © Peter F. Schmidt/Verlag Herder GmbH, Freiburg

Arbeitsaufträge:

1. *Benennen Sie die Probleme, die viele Menschen heute nach Schmids Ansicht mit dem Glauben an die „Auferstehung des Fleisches" haben.*
2. *Was sind Ihrer Meinung nach die Gründe für diese Probleme? Nehmen Sie Stellung zu den Ausführungen Schmids, indem Sie Nachteile und Vorteile des kritisierten Leib-Seele-Dualismus herausarbeiten.*
3. *Überlegen Sie, welche Konsequenzen die „Aufwertung des Leiblichen und dessen unvergänglicher Würde" (Z. 27 f.) für jene Menschen haben müsste, die an eine „Auferstehung des Fleisches" glauben.*

Peter F. Schmid: Was heißt Auferstehung?

Auferstehen ist wie …	*Auferstehen ist nicht …*

Zur Vorerschließung des folgenden Textes:

Setzen Sie die zwei Sätze fort, indem Sie jeweils drei verschiedene Bilder oder Beispiele für das finden, was für Sie „Auferstehen" heißt oder nicht heißt.

Was ist dieses „Leben nach dem Tod", an das wir glauben, die „Auferstehung der Toten", die wir bekennen?

Sicher ist darunter nicht der raumzeitliche Fortbestand von Molekülen zu verstehen, also das Weiterleben des biologischen Körpers, sondern es ist die Unzerstörbarkeit der personalen Identität gemeint, das Weiterleben des ganzen Menschen als leibhaftige Person.

Auferstehen, das heißt nicht einfach weitertun, als ob nichts gewesen wäre; nein: Es ist eine neue Schöpfung.

Auferstehen, das heißt auch nicht einfach, noch einmal von vorne beginnen, in veränderter Existenz eine neue Schleife im Kreislauf zu ziehen.

Auferstehen heißt auch nicht, völlig unabhängig zu sein von dem, was davor war, ein ganz anderer zu sein und damit seine Identität (seinen „Namen", sagt die Bibel) zu verlieren.

Auferstehen heißt, dass Gott seine Zusage wahr macht, uns nicht im Stich zu lassen – als jeweils die Person, die er in einzigartiger Weise und ganz persönlich liebt.

Auferstehen heißt, dass Gottes Liebe, unendlich wie er selbst, die Grenzen unserer Endlichkeit sprengt.

Auferstehen heißt, darauf zu vertrauen, dass er uns wie Jesus, seinen über alles geliebten Sohn, nicht im Tod lässt, sondern zu sich nimmt.

Auferstehen heißt, endgültig bei Gott zu sein, in unauflösbarer Gemeinschaft.

An die Auferstehung glauben heißt daher, sich zu befreien vom Zwang zur Selbsterlösung, offen zu werden für Hingabe und Liebe.

An die Auferstehung glauben heißt, davon überzeugt zu sein, dass die Liebe stärker ist als der Tod. Denn alle Liebe birgt in sich die Hoffnung auf Unendlichkeit – der Liebende wünscht, die Liebe möge niemals aufhören. Und trotzdem ist alle erfahrbare Liebe in dieser Welt endlich und vergeht. Gott aber ist *die* Liebe, jene Liebe, nach der wir uns immer wieder sehnen, wenn wir lieben, jene Liebe, die auch den Tod überdauert.

Auferstehung ist die Erfüllung dieser Liebe und die Einlösung ihres Versprechens, Gottes Treue.

Hier wird deutlich, dass Auferstehung eine Beziehungskategorie ist, dass auferstehen immer ein „Auferstehen mit (Jesus und den anderen Menschen)" und ein „Auferstehen zu (Gott)" ist.

Peter F. Schmid: Ein Gott der Lebenden. Auferstehung als Beziehung. in: Diakonia 27 (1996) © Peter F. Schmidt/Verlag Herder GmbH, Freiburg

Arbeitsaufträge:

1. *Fertigen Sie eine Tabelle an, in der Sie christliche und unchristliche Bilder nach Schmid einander gegenüberstellen. Vergleichen Sie Schmids Formulierungen mit Ihren eigenen Sätzen und stellen Sie Unterschiede und Gemeinsamkeiten heraus.*
2. *Entwickeln Sie Kriterien für Bilder von „Auferstehung": Welche Fragen muss eine Auferstehungshoffnung Ihrer Meinung nach beantworten können? Inwiefern ist die biblische Auferstehungshoffnung eine „Beziehungskategorie" (Z. 27)? Inwiefern trifft das auf andere Bilder nicht zu – oder vielleicht doch?*
3. *Deuten Sie das Bild der Auferstehung als „neue Schöpfung" (Z. 6 f.).*

2. Die Genese des Auferstehungsglaubens am 24. Kapitel des Lukasevangeliums erarbeitet

M9 Die Entdeckung des leeren Grabes und die Emmaus-Geschichte

Kompetenzschwerpunkte: *Kognitiv:* Den Weg der Jünger als Gerüst der Erzählung erkennen (A), ihre Intention erklären (B) und den Wegcharakter als Strukturprinzip lukanischer Theologie auch in anderen lukanischen Texten (Leere-Grab-Geschichte) finden und deuten (C).

Planung: Entscheiden Sie, ob Sie nur die Emmausgeschichte lesen oder sie in Kombination mit der Leeren-Grab-Geschichte bearbeiten lassen.
Kopfkino: Lesen Sie den Text vor, die Schüler hören mit geschlossenen Augen zu. Warten Sie nach jedem Sinnabschnitt, bis alle Schüler als Zeichen, dass bei ihnen im Kopf Bilder zum gehörten Text entstanden sind, aufgezeigt haben.
Topografische Mindmap: Die Schüler sollen das Gehörte in Form einer Landkarte visualisieren, entweder anhand des Textes oder ohne Textgrundlage allein aufgrund des Kopfkinos.

Erwartungshorizont: Die Schüler nehmen die Emmaus-Geschichte (und gegebenenfalls die Leere-Grab-Geschichte) als Weggeschichte/n wahr (Weggang aus Jerusalem, Trauerverarbeitung auf dem Weg nach Emmaus, Verwandlung der Trauer in Emmaus, Rückkehr nach Jerusalem). Weiterhin verstehen sie die Emmaus-Geschichte (und gegebenenfalls die Leere-Grab-Geschichte) als Glaubensgeschichte/n (Fragen nach Realität, nach den Grenzen der Beweis- und Machbarkeit, Sehnsüchte nach Geltung, nach Hoffnung auf Sinn über den Tod hinaus, Umgang mit Scheitern und Versagen).

M 10 Standbilder zu den Situationen der Frauen am leeren Grab und der Emmaus-Jünger

Kompetenzschwerpunkte: *Kommunikativ und personal-sozial:* Die Situation der Jünger (bzw. der Frauen) und ihren Wandel zum Ausdruck bringen und sich in die Trauersituation der Jünger einfühlen (A), die Entwicklung der Jünger (bzw. der Frauen) als Beispiel für den Umgang mit Trauer verstehen und für andere darstellen (B), am Beispiel der Emmaus-Jünger Möglichkeiten und Folgen göttlicher Offenbarung diskutieren und sie zur Verarbeitung eigener Trauersituationen nutzen (C).

Planung: Es sollen sechs Standbilder zur Leeren-Grab- und zur Emmaus-Geschichte in arbeitsteiliger Gruppenarbeit bzw. vier Standbilder nur zur Emmaus-Geschichte erarbeitet werden. Diese Aufgabe ermöglicht es den Schülern, sich in die psychische Situation der Jünger bzw. der Frauen hineinzuversetzen. Die Standbilder werden dann von der ganzen Klasse beschrieben und gedeutet. Anschließend wird die psychische Entwicklung der Frauen mit der der Jünger verglichen bzw. die Entwicklung der Jünger beurteilt. Zur Präzisierung der Entwicklung der Jünger wird die Situation vor der Emmaus-Erkenntnis differenziert (am Anfang und am Ende des Weges).

Erwartungshorizont: Die Verkörperung der Jünger-Situationen im Standbild ermöglicht den Schülern eine Identifikation mit den Zuständen der Jünger bzw. der Frauen, eine Einfühlung in die Verwandlung dieser Zustände von Trauer zur Freude und ein Urteil über die Wahrscheinlichkeit dieser Entwicklung. Lukas gestaltet die emotionale Entwicklung der Frauen und der Jünger parallel: vor dem Erkenntnisvorgang (vor dem Grab, vor Emmaus) → nach dem Erkenntnisvorgang (nach der Erinnerung entsprechend der Engelbotschaft, nach dem Mahl in Emmaus) → Bericht der Erkenntnis im Jünger-Kreis in Jerusalem (Für die Frauen ohne Erfolg: Die Jünger glauben ihnen nicht. Für die Emmaus-Jünger ohne Erfolgsdruck: Jesus ist Petrus bereits erschienen.).

M 11 Kreative Auseinandersetzung mit der Emmaus-Geschichte

Kompetenzschwerpunkte: *Kognitiv und religionspädagogisch:* Die innere Stringenz der lukanischen Erzählung nachvollziehen und ihre Eigenart als Auferstehungskatechese verstehen (A), die Beziehungen zwischen den Elementen der Emmaus-Geschichte eigenständig erklären und deuten sowie den eigenen Zugang zur lukanischen Auferstehungskatechese reflektieren (B), die Entwicklung der Jünger von den einzelnen Textelementen her wahrnehmen und auf andere Situationen beziehen, dadurch anderen einen Zugang zur Auferstehungsbotschaft der Emmaus-Geschichte eröffnen (C)

Planung: Das Rollenspiel und das kreative Schreiben fordern Einfühlung in die Situationen der Jünger bzw. die Imagination alternativer Reaktionen und eröffnen den Schülern dadurch einen Zugang zu einem vertieften Textverständnis.

Erwartungshorizont: Die kreative Erarbeitung hilft den Schülern, tiefere Fragen an den Text zu stellen.

A: Hier wird die Leerstelle genutzt, dass das Gespräch auf dem Emmaus-Weg inhaltlich nicht beschrieben wird. Was stellen sich die Schüler vor, wie Jesus den Jüngern seinen elenden Kreuzestod erklärt? Die Reaktion der Jünger auf Jesu Katechese stellt die Ernsthaftigkeit der Argumentation Jesu auf die Probe. Inwiefern hat Jesus seine Jünger berührt bzw. warum kommen seine Argumente nicht an?

B 1: Jesus bleibt und muss doch irgendwann sterben. Warum ist es wichtig, dass Jesus nicht wie zuvor bei den Jüngern bleibt?

B 2: Die Jünger fallen zurück in die Trauer und brechen nicht nach Jerusalem auf. Warum können die Jünger im Dunkeln nach Jerusalem aufbrechen?

C: Z. B. leeres Grab als Intrige der Jesussekte, Erscheinungen als Halluzinationen. Was passiert, wenn versucht wird, das Unerklärbare rational zu erklären?

M 12 Die Erscheinung Jesu in Jerusalem

Kompetenzschwerpunkte: *Kognitiv und kommunikativ:* Sich in Partner- oder Gruppenarbeit auf mögliche Lösungen zur Ausfüllung der Kernstellen einigen (A), diese nicht bloß erraten, sondern auch begründen (B) und vor anderen vertreten, sich dabei durch bessere Argumente anderer Schüler oder Gruppen überzeugen lassen (C).

Planung: Als Übergang zur Erscheinung Jesu in Jerusalem eignet sich das Bild „L'Issue" aus dem Emmaus-Zyklus von Arcabas (im Internet verfügbar). Das Bild zeigt einen verlassenen Tisch nach gemeinsamem Mahl vor einer geöffneten Tür, die den Blick auf einen blauen Sternenhimmel freigibt, und Zeichen hastigen Aufbruchs (Stuhl, Tischtuch etc.). Es eröffnet mystische Tiefe durch den Nachthimmel, der einen Sog auf den Betrachter ausübt. Der Kontrast von Ordnung des Sternenhimmels draußen und der Unordnung im Raum drinnen fällt auf. Der innere Raum ist durch die Anordnung der weißen Flächen und der Objekte auf dem Tisch strukturiert. Der Originaltitel ist doppeldeutig: Auf der konkreten Bildebene ist der Ausgang der offenen Tür bezeichnet, im übertragenen Sinne der ‚gute' Ausgang der Geschichte Jesu. Die Schüler könnten Adjektive benennen, die für sie die im Bild ausgedrückte Stimmung treffen (ruhig – unruhig und hektisch, ordentlich – unordentlich, aufwühlend – beruhigend, sehnsuchtsvoll – verlassen) und anschließend dem Bild einen Titel geben. So würde die Aufgabe B 2 (M 11) vertieft und zugleich ein Übergang zum weiteren Geschehen in Jerusalem erfolgen.

Erwartungshorizont: Der Auferstandene erscheint den Jüngern in Jerusalem (Lk 24,36–49), nachdem sie bereits von den Erscheinungen vor Petrus und den Emmaus-Jüngern gehört haben (V. 34 f.). Dennoch und trotz des einleitenden Friedensgrußes erkennen sie Jesus zunächst wieder nicht und meinen, einen Geist zu sehen. Indem Jesus vor ihnen ein Stück Fisch isst, demonstriert er seine Leiblichkeit. Nachdem die Jünger ihn erkannt haben, legt er ihnen die Schrift aus, verheißt ihnen den Beistand des Geistes und fordert sie auf, in Jerusalem zu bleiben. Acht Stellen des Textes sind ausgelassen, die sich auf zentrale Jesusworte (Lücken 1 und 7: Friedensgruß, Bitte um Nahrung), die Gefühle der Jünger und ihre Einschätzung der Person Jesu (Lücken 2–6) und Jesu Nahrungsaufnahme (Lücke 8) beziehen. Indem die Schüler in Partner- oder Gruppenarbeit aus jeweils vier vorgegebenen Möglichkeiten eine auswählen und ihre Lösung später mit dem Original vergleichen, vertiefen bzw. erwerben sie eine genaue Textkenntnis, besonders bezogen auf jene Elemente, die für das spätere Rollenspiel (M 13) zentral sind. Diese Methode der Kernstellenanalyse hat daher inhaltlich eine vorbereitende Funktion. Die Aufforderung, aus vier Alternativen die richtige herauszufinden, wirkt allein bereits motivierend (vgl. „Wer wird Millionär?").

M 13 Rollenspiel zur Erscheinung Jesu in Jerusalem

Kompetenzschwerpunkte: *Methodisch-kreativ und existenziell-religiös:* Sich ansatzweise in die Situation der Jünger hineinversetzen und dadurch eigene religiöse Fragen besser verstehen (A), eigene Gefühle authentisch äußern und dadurch die eigene religiöse Orientierung bestärken (B), eigene Erfahrungen auf jene der damaligen Jünger übertragen und so zu einem vertieften Verständnis gelangen, das auch eine selbstkritische Korrektur der eigenen Vorstellungen eröffnet (C).

Planung: Einige Schüler sind von sich aus bereit zum Rollenspiel. Vor der Pubertät ist dies meistens kein Problem, ab Jahrgangsstufe 7/8 gilt es, Hindernisse zu überwinden. Kleine Auflockerungsübungen, wie etwa die Pantomime zu erratender Jesus-Aussagen, können die Hemmschwelle herabsetzen. Zur Einstimmung können auch leichte Begriffe vorgegeben werden, die keinen inhaltlichen Zusammenhang zur Geschichte aufweisen (etwa Karten aus dem Spiel „Activity"). Durch die Arbeit an den Kernstellen des Bibeltextes sind die Schüler mit der Handlung (Jesus betritt den Raum, in dem die Jünger, aufgewühlt durch die Nachrichten der Frauen, Petri und der Emmaus-Jünger, den Tod ihres Meisters betrauern), den Gefühlen der Jünger (Angst, Zweifel, aufkommende Freude) und den zentralen Aussagen Jesu („Friede sei mit euch!", „Habt ihr etwas zu essen hier?" etc.) vertraut. Die Anleitung zur Durchführung des Rollenspiels entnehmen Sie bitte dem Materialblatt M 13.

Erwartungshorizont: Durch die Metareflexion werden die Lernziele mit den Lernergebnissen abgeglichen: Konnte durch das Rollenspiel wirklich die Fremdheit der Offenbarungserfahrung der Jünger verinnerlicht werden? Wurde die Offenbarungserfahrung als existenzielle, das Leben der Jünger verwandelnde Erfahrung transparent?

M 14 Himmelfahrt oder Vatertag

Kompetenzschwerpunkte: *Personal-sozial und religionspädagogisch:* Einen Zugang zum Thema „Himmelfahrt" über die Wahrnehmung des „Vatertags" gewinnen (A), diesen Zugang im Bedenken der eigentümlichen Fest-Verbindung reflektieren (B), gesellschaftliches und religiöses Interesse im Vergleich der Zugänge koordinieren (C).

Planung: Die Bilder regen zu einem Erfahrungsaustausch über den Vatertag und Himmelfahrtstag an. Hintergrundinformation: Die Verbindung des Vatertags mit dem Himmelfahrtstag in Deutschland scheint zufällig. Wahrscheinlich hängt sie damit zusammen, dass Christi Himmelfahrt 1936 zum gesetzlichen Feiertag wurde und dass man ein Pendant für den kurz zuvor auf den zweiten Maisonntag festgelegten Muttertag suchte (Mutterkult der Nazis: Söhne für den Führer). In Bayern galt zuvor wie heute noch in Italien der Josephstag am 19. März (Namenstag des Ziehvaters Jesu) als Vatertag. In Österreich wird er am 2. Sonntag im Juni begangen, in den USA, das wie auch für den Muttertag als Ursprungsland gilt, am 3. Junisonntag. Eine volkstümliche Legende erzählt, dass Jesus nach seiner Auffahrt in den Himmel mit dem Teufel kämpfte. Gegen die herabfallende Teufelssuppe half nur Lärm und Gesang …

Erwartungshorizont: Bei vielen Schülern sind kaum Erfahrungen mit Himmelfahrt als christlichem Fest vorauszusetzen, aber sehr wohl Erfahrungen mit Anwesenheit bzw. Abwesenheit von Vätern. Die Verbindung des Himmelfahrtsthemas mit dem gesellschaftlich präsenteren Vatertag eröffnet Fragen und bietet einen Ausgangspunkt zum Gespräch über das Fest „Himmelfahrt". Z. B. könnten die Schüler im Lexikonartikel die Himmelfahrt Jesu als Heimkehr des Sohnes zum Vater (Gott) deuten und so mit dem Vatertag verbinden. Vor dem religiösen Hintergrund könnten sie Wünsche für die Gestaltung des Vatertages äußern, die sie mit ihren eigenen Erfahrungen vergleichen.

M 15 Lukanische Himmelfahrtserzählungen

Kompetenzschwerpunkte: *Kognitiv und methodisch-kreativ:* Gemeinsamkeiten und Unterschiede der beiden Himmelfahrtserzählungen in Grundzügen erkennen und erste Ansätze entwickeln zur Erklärung, z. B. unterschiedliche Intention des Autors am Ende und am Anfang eines Buches (A), Gemeinsamkeiten und Unterschiede der beiden Himmelfahrtserzählungen erfassen, Hintergründe für die Unterschiede benennen, z. B. besonderer Charakter einer Offenbarungserfahrung, und in Schlagzeilen die unterschiedlichen Schwerpunkte der Erzählungen auf den Punkt bringen (B), zur Erklärung der Unterschiede auf Erkenntnisse im Umgang mit biblischen Texten zurückgreifen (C).

Planung: Die Schüler füllen die Tabelle in Einzel- oder Partnerarbeit aus. Bei leistungsschwächeren Schülern können das Proömium Lk 1,1–4 und die ersten beiden Zeilen der Tabelle wegfallen, leistungsstarke Schüler können die Vergleichskategorien selbst finden. Die Antworten zu den Kategorien „Frage der Jünger", „Antwort Jesu" und „Zeitraum zwischen Auferstehung und Himmelfahrt" sind bezogen auf das Lukasevangelium vorgegeben, da sie sich erst aus der Lektüre von Lk 24 insgesamt ergeben. Sie können auch zur Überprüfung der Erinnerung von den Schülern erfragt werden. Die weiteren Aufgaben können in Gruppenarbeit gelöst werden. Aufgabe 2 soll die Schüler dazu animieren, die Kernaussage der Texte für sich zu erfassen, die Schlagzeilen können sogar je nach Schwerpunkten im Textverständnis gleich sein. Aufgabe 3 ermuntert die Schüler, Erklärungen für die Unterschiede zu finden. Aufgabe 4 stellt die Frage nach den Gründen im Blick auf die Gemeinsamkeiten. Die Schlagzeilen und Erklärungsversuche der Gruppen können dann im Plenum verglichen und diskutiert werden.

Erwartungshorizont: Lukas legt mit seinem Evangelium das (direkte) Wirken Jesu bis zu seiner Himmelfahrt dar. Mit der Apostelgeschichte, die mit einer Himmelfahrtserzählung einsetzt, schildert er das (indirekte) Wirken Jesu im Heiligen Geist. Die Widersprüche (Zeitraum zwischen Auferstehung und Himmelfahrt, Ort der Himmelfahrt, die unmittelbare Reaktion der Jünger, Ort ihres Gebets) weisen darauf hin, dass die Himmelfahrt Jesu eine existenziell-religiöse Offenbarungserfahrung der Jünger ist, die nicht historisch verstanden werden kann. Weitere Unterschiede (Inhalt der Rede Jesu im Evangelium bezogen auf die Vergangenheit, in der Apg auf die Zukunft, Botschaft bei der Himmelfahrt, Art und Weise der Himmelfahrt, Anwesende) können als Ergänzungen verstanden werden, die aus dem unterschiedlichen literarischen Ort der Erzählungen gemäß der Intention des Lukas resultieren (im Evangelium am Ende, in der Apg am Anfang des Buches). Die Gemeinsamkeiten (Befehl Jesu, den die Jünger befolgen, Verheißung des Geistes, Himmelfahrt als solche, Gebet der Jünger in Jerusalem) verweisen auf die zentrale Botschaft: Jesus ist nicht mehr so gegenwärtig wie zuvor, verheißt den Jüngern aber die Kraft, seine Gegenwart (das Reich Gottes) weiter zu (er-)leben. Gott lässt jene, die Jesu Botschaft glauben, nicht allein (Versprechen des Geistes) und tröstet sie zusätzlich mit der eschatologischen Verheißung von der Wiederkunft Christi, die als Botschaft der Engel zentral und neu in der Apg ist (Apg 1,11). Auch wenn Zeit und Stunde verborgen sind in Gottes Ratschluss (Apg 1,7), dürfen Christen darauf vertrauen, dass die Vollendung des Reiches Gottes mit einer neu erfahrbaren Gegenwart Christi einhergeht.

M 16 Johannes Fischer: Gedankenexperiment – Was wäre, wenn ...?

Kompetenzschwerpunkte: M 16a *Methodisch-kreativ und religionspädagogisch:* Eine Fortsetzung schreiben, in der der eigene Zugang bzw. auch Gründe für einen versperrten Zugang zum Sinn der Himmelfahrt wahrnehmbar sind (A), eine glaubhafte Story formulieren und darin den eigenen Zugang zur Himmelfahrt reflektieren (B), in der Geschichte die Notwendigkeit der Himmelfahrt begründen, etwa durch Aufzeigen der Konsequenzen eines Verzichts (C M 16b).
Methodisch-kreativ: Die Ambivalenz erfassen, Objekt ständiger Aufmerksamkeit zu sein (A), glaubhaft darstellen, warum Jesus die Erde schließlich doch verlässt (B), die Situation Jesu auf die ambivalente Rolle heutiger Stars übertragen (C).
Kognitiv und existenziell-religiös: Verstehen, worin sich Glauben und Wissen unterscheiden (A), diesen Unterschied begründen (B) und ihn auf die eigene religiöse Orientierung anwenden (C M 16c).
Personal-sozial, kommunikativ und religionspädagogisch: Sich mit der Situation Jesu identifizieren und sie ansatzweise mit eigenen Entfremdungserfahrungen vergleichen (A), miteinander über Sehnsüchte nach Befreiung von entfremdenden Situationen sprechen (B), sie mit dem Angebot der Kirche verbinden und dabei die eigenen Zugänge zur christlichen Glaubensgemeinschaft reflektierend miteinander vergleichen (C).

Planung: Voraussetzung für eine fruchtbare Durchführung dieser Unterrichtsidee ist ein vertrauensvolles Klima in der Kursgruppe.
M 16a: Die Schüler schreiben die Geschichte weiter und versetzen sich dabei in die Situation eines ewig lebenden Jesus hinein.
M 16b: Diese Fortführung ist gut einsetzbar, wenn die Geschichten der Schüler alle nur in eine positive Richtung weisen. Zunächst bestätigen sie ihre Variante im Vergleich zu derjenigen Fischers (Aufgabe 1), dann versuchen sie, sich in Jesus hineinzuversetzen (Arbeitsaufträge 2 und 3). Schließlich führen sie die Geschichte mit der Maßgabe fort, dass Jesus die Erde doch verlässt (Aufgabe 4).

M 16c: Hier werden die eigenen Lösungen mit den Fortschreibungen Fischers verglichen (Aufgabe 1). Ggf. können M 16b und c zusammen bearbeitet werden. Dann sollte nach weiteren Möglichkeiten der Kirche gesucht werden, den Menschen Jesus nahezubringen (Aufgabe 2): Wann wäre Kirche für Jugendliche interessant? Wo findet sie Zugänge zu den Jugendlichen? Was vermittelt die Kirche? Was kann sie versprechen? Welche Angebote hat sie auf dem Markt der Möglichkeiten?

Erwartungshorizont:
M 16a: Der Sinn der Himmelfahrt soll erfasst werden. Die Schüler sollen erkennen, dass sie unverzichtbar für eine weitere Entwicklung ist.
M 16b: Der Unterschied zwischen Glauben und Wissen soll erkannt werden. Der Glaube an ein ewiges Leben lässt sich nicht beweisen. Selbst wenn ein Mensch wie Jesus wissenschaftlich beweisbar noch nicht gestorben wäre, heißt dies weder, dass er nie sterben wird, noch, dass andere nie sterben werden.
M 16c: Was zunächst als Machtverlust der Kirche erscheint, erweist sich als unverzichtbar: Der Glaube an Jesus als den Christus ist nicht beweisbar oder machbar. Er kann aber vergegenwärtigt werden in Liturgie, Zeugnis, Diakonie und Gemeinschaft.

M 17 Benedikt XVI.: „Himmelfahrt" Jesu

Kompetenzschwerpunkte: *Kognitiv und existenziell-religiös:* Grundzüge der Deutung Benedikts wiedergeben und mit ihrer Hilfe die eigene Orientierung verstehen (A), Hintergründe der Argumentation des emeritierten Papstes im Verweis auf die eigene Erfahrung mit dem Gedankenexperiment und der synoptischen Arbeit benennen und im Vergleich der Arbeitsweisen die eigene Orientierung begründen (B), den Wert der Überlegungen Benedikts beurteilen und die Grenzen seines Vorgehens erörtern, dabei die eigene Orientierung durch die Auseinandersetzung mit dem Symbol der Wolke und der Symbolhandlung des Segens vertiefen (C).

Planung: Der Text eignet sich hervorragend als Klausur zum Abschluss der 2. Sequenz.

Erwartungshorizont: Der Papst arbeitet die Dialektik der überraschenden Freude der Jünger über die Himmelfahrt Jesu deutlich heraus: Sein Gehen ist die Bedingung der Möglichkeit für sein Kommen. Die Arbeit am Gedankenexperiment hat gezeigt, dass ein Bleiben Jesu keine Alternative gewesen wäre, insofern sich Gott durch Jesus einer wissenschaftlichen Verfügbarkeit überantwortet hätte, was im Widerspruch zu seinem Ziel stünde, für alle Menschen da zu sein (Aufgabe 1). Was Johannes 14,28 in ein Wort fasst, wird bei Lukas durch die Gegenüberstellung der zwei Himmelfahrtserzählungen in bildhafter Sprache zum Ausdruck gebracht. Benedikt sieht beide Erzählungen als eine Einheit an und nutzt mit Recht die erste Himmelfahrtserzählung am Ende des Lukasevangeliums als hermeneutischen Schlüssel zum Verständnis der zweiten Himmelfahrtserzählung zu Beginn der Apostelgeschichte: Die Freude der Jünger erklärt sich aus einer neuen Erfahrung der Nähe, die in der Apostelgeschichte als zukünftig verheißen wird. Der Nachteil dieser Methode liegt darin, dass sie die Unterschiede zwischen den Erzählungen verwischt und somit die Erkenntnisse über die unterschiedlichen Intentionen des Evangelisten am Ende des Evangeliums und am Anfang der Apostelgeschichte in ihrer Bedeutung nivelliert. Die erste Himmelfahrtserzählung ist nicht weniger „ausdrücklich" als die zweite (Z. 7). Der Papst schiebt die Fiktionalität der Erzählung und ihren symbolischen Charakter in den Hintergrund. Dieser wäre gerade am Symbol der Wolke herauszuarbeiten. Das Entschwinden Jesu in der Wolke führt bei den Jüngern hier nicht zu großer Freude und Aufbruchsstimmung, sondern sie ziehen sich hinter Mauern zurück und verharren im Gebet. Die Wolke ist ambivalent. Sie erinnert zum einen an die tradierten und selbst erlebten Offenbarungserfahrungen, verdunkelt aber auch das Licht und ist nicht aus sich heraus begreiflich – selbst die Engelbotschaft wird zunächst noch nicht wirklich von den Jüngern verstanden. Die Himmelfahrtserfahrung mit der Wolke nötigt zum Innehalten und verweist auf das *mysterium tremendum,* das erst durch die Pfingsterfahrung zum *mysterium faszinosum* wird. Erst durch sie gelangen die Jünger zur vollen Erkenntnis. Das gilt so für die Apostelgeschichte, während im Evangelium schon bei der Himmelfahrt *mysterium tremendum* und *faszinosum* in eins fallen: Im Akt der Proskynese bezeugen die Jünger ihre Auferstehungserkenntnis (*faszinosum*), nachdem sie zuvor durch die leibhafte Gegenwart des Herrn erschrocken waren (*tremendum*). Die Himmelfahrt führt am Ende des Lukasevangeliums zur Auferstehungsfreude, die es den Jüngern ermöglicht, in der Öffentlichkeit des Tempels zu beten (Aufgabe 2).

Dem entspricht auch die Ambivalenz der Segensgeste, die in ihrem Schutz („Dach") zugleich einengt und in ihrer Öffnung zum Himmel in die Verantwortung für die Welt ruft, die auch erschrecken und überfordern kann. Die Kraft des Segens wird in der Apostelgeschichte erst durch das Pfingstereignis präsent. Hier sind es „Zungen wie von Feuer" (Apg 2,3), die sich segnend auf die Jünger legen und sie zur Verkündigung der Frohen Botschaft ermächtigen. Indem Lukas in der Apostelgeschichte einen anderen zeitlichen Horizont eröffnet – einerseits durch die 40 Tage, die Jesus vor der Himmelfahrt mit den Jüngern verbringt, andererseits durch die Frage nach den Zeiten und Fristen –, bringt er die Freude am Ende seines Evangeliums, wo die Zeit in der Ewigkeit der Auferstehungsfreude aufgeht, wieder auf den „Teppich" der praktischen Alltagssorgen: Wie können wir leben, wenn wir nicht wissen, wann Jesus zurückkommt? Die Zeiterfahrung des Alltags benötigt in der sonntäglichen Eucharistiefeier eine Vertiefung, durch die sie als vom ewigen Sein des Sohnes beim Vater durchdrungen erfahrbar wird. Wer diese Nähe zu Gott im Glauben an Christus erfährt, steht auf dem „Grund christlicher Freude" (Aufgabe 3).

M 18 Zusammenfassung: Skizze der lukanischen Argumentation

Kompetenzschwerpunkte: *Kognitiv:* Grundzüge der Struktur von Lk 24 erfassen (A), auch in Details (B), und Lukas' poetische Leistung begründen (C).

Erwartungshorizont: Der Überblick zum Abschluss der Arbeit an Lk 24 ist motivierend zur Wiederholung und Vertiefung. Er ermöglicht einen Einblick in die Meisterschaft des Erzählers Lukas. Die Strukturzeichnung können gute Schüler auch ohne M 18 eigenständig erstellen. Die Schüler führen sich die komplexe lukanische Ostererzählung in ihren vielfältigen Beziehungen vor Augen: vier Hauptblöcke, deren Motive spiegelbildlich angeordnet sind.

Die Entdeckung des leeren Grabes und die Emmaus-Geschichte

[55]Die Frauen, die mit Jesus aus Galiläa gekommen waren, gaben ihm das Geleit und sahen zu, wie der Leichnam in das Grab gelegt wurde. [56]Dann kehrten sie heim und bereiteten wohlriechende Öle und Salben zu. Am Sabbat aber hielten sie die vom Gesetz vorgeschriebene Ruhe ein.

24[1]Am ersten Tag der Woche gingen die Frauen mit den wohlriechenden Salben, die sie zubereitet hatten, in aller Frühe zum Grab. [2]Da sahen sie, dass der Stein vom Grab weggewälzt war; / [3]sie gingen hinein, aber den Leichnam Jesu, des Herrn, fanden sie nicht. [4]Während sie ratlos dastanden, traten zwei Männer in leuchtenden Gewändern zu ihnen. / [5]Die Frauen erschraken und blickten zu Boden. Die Männer aber sagten zu ihnen: Was sucht ihr den Lebenden bei den Toten? [6]Er ist nicht hier, sondern er ist auferstanden. Erinnert euch an das, was er zu euch gesagt hat, als er noch in Galiläa war: [7]Der Menschensohn muss den Sündern ausgeliefert und gekreuzigt werden und am dritten Tag auferstehen. / [8]Da erinnerten sie sich an seine Worte. [9]Und sie kehrten vom Grab in die Stadt zurück und berichteten alles den Elf und den anderen Jüngern. [10]Es waren Maria Magdalene, Johanna und Maria, die Mutter des Jakobus; auch die übrigen Frauen, die bei ihnen waren, erzählten es den Aposteln. / [11]Doch die Apostel hielten das alles für Geschwätz und glaubten ihnen nicht. [12]Petrus aber stand auf und lief zum Grab. Er beugte sich vor, sah aber nur die Leinenbinden (dort liegen). Dann ging er nach Hause, voll Verwunderung über das, was geschehen war. /

[13]Am gleichen Tag waren zwei von den Jüngern auf dem Weg in ein Dorf namens Emmaus, das sechzig Stadien von Jerusalem entfernt war. [14]Sie sprachen miteinander über all das, was sich ereignet hatte. [15]Während sie redeten und ihre Gedanken austauschten, kam Jesus hinzu und ging mit ihnen. [16]Doch sie waren wie mit Blindheit geschlagen, sodass sie ihn nicht erkannten. / [17]Er fragte sie: „Was sind das für Dinge, über die ihr auf dem Weg miteinander redet? Da blieben sie traurig stehen, [18]und der eine von ihnen – er hieß Kleopas – antwortete ihm: Bist du so fremd in Jerusalem, dass du als Einziger nicht weißt, was in diesen Tagen dort geschehen ist? / [19] Er fragte sie: Was denn? Sie antworteten ihm: Das mit Jesus aus Nazaret. Er war ein Prophet, mächtig in Wort und Tat vor Gott und dem ganzen Volk. [20]Doch unsere Hohenpriester und Führer haben ihn zum Tode verurteilen und ans Kreuz schlagen lassen. [21]Wir aber hatten gehofft, dass er der sei, der Israel erlösen werde. Und dazu ist heute schon der dritte Tag, seitdem das alles geschehen ist. [22]Aber nicht nur das: Auch einige Frauen aus unserem Kreis haben uns in große Aufregung versetzt. Sie waren in der Frühe beim Grab, [23]fanden aber seinen Leichnam nicht. Als sie zurückkamen, erzählten sie, es seien ihnen Engel erschienen und hätten gesagt, er lebe. [24]Einige von uns gingen dann zum Grab und fanden alles so, wie die Frauen gesagt hatten; ihn selbst aber sahen sie nicht. / [25]Da sagte er zu ihnen: Begreift ihr denn nicht? Wie schwer fällt es euch, alles zu glauben, was die Propheten gesagt haben. [26]Musste nicht der Messias all das erleiden, um so in seine Herrlichkeit zu gelangen? [27]Und er legte ihnen dar, ausgehend bei Mose und allen Propheten, was in der gesamten Schrift über ihn geschrieben war. / [28]So erreichten sie das Dorf, zu dem sie unterwegs waren. Jesus tat, als wolle er weitergehen, [29]aber sie drängten ihn und sagten: Bleib doch bei uns; denn es wird bald Abend, der Tag hat sich schon geneigt. Da ging er mit hinein, um bei ihnen zu bleiben. / [30]Und als er mit ihnen bei Tisch war, nahm er das Brot, sprach den Lobpreis, brach das Brot und gab es ihnen. / [31]Da gingen ihnen die Augen auf, und sie erkannten ihn; dann sahen sie ihn nicht mehr./[32]Und sie sagten zueinander: Brannte uns nicht das Herz in der Brust, als er unterwegs mit uns redete und uns den Sinn der Schrift erschloss? [33]Noch in derselben Stunde brachen sie auf und kehrten nach Jerusalem zurück/ und sie fanden die Elf und die anderen Jünger versammelt. [34]Diese sagten: Der Herr ist wirklich auferstanden und ist dem Simon erschienen. [35]Da erzählten auch sie, was sie unterwegs erlebt und wie sie ihn erkannt hatten, als er das Brot brach.

Lk 23,55-24,35 (verkürzt: Lk 24,13-35)

Arbeitsauftrag:

Versuchen Sie, den Verlauf der Leeren-Grab- und Emmaus-Geschichte (Lk 23,55–24,35 bzw. Lk 24,13–35) zeichnerisch darzustellen, indem Sie eine Landkarte erstellen, die das erzählte Geschehen für Sie angemessen zum Ausdruck bringt.

Ziel dieser Aufgabe ist es, Ihrer Sicht auf den Verlauf der Erzählung eine Form zu geben. Die Inhalte (einzelne Straßen, Plätze, Berge, Flüsse usw., z. B. ‚Auferstehungsweg' oder ‚Todesberg') legen Sie selbst fest, indem Sie die zentralen Aussagen der Erzählung auswählen. In der Art und Weise, wie Sie die Straßen, Flüsse etc. anordnen, können Sie sich die Struktur und den Verlauf der Erzählung vor Augen führen.

Standbilder zu den Situationen der Frauen am leeren Grab und der Emmaus-Jünger

Standbilder sind Körperskulpturen, die einen Aussagekomplex verdichten. Wie in einem Denkmal oder in ‚eingefrorenen' Szenen – genutzt etwa in der Werbung für Kinofilme – können Standbilder zwischenmenschliche Beziehungen und psychische Zustände durch Körperhaltung, Anordnung der Körper zueinander, Mimik und Gestik zum Ausdruck bringen.

Die psychische Verfasstheit der Frauen am Grab und der Emmaus-Jünger verändert sich auf ihren Wegen. (Lk 23,55–24,35)

Arbeitsaufträge:

Gruppe A

Stellen Sie in drei Standbildern die unterschiedlichen psychischen Situationen der Frauen dar:

1. *die Frauen auf dem Weg zum Grab,*
2. *die Frauen auf dem Weg zurück zu den Jüngern,*
3. *die Begegnung der Frauen mit den Jüngern.*

Gruppe B

Stellen Sie in drei Standbildern die unterschiedlichen psychischen Situationen der Jünger dar:

1. *die Emmaus-Jünger begegnen dem Unbekannten,*
2. *die Emmaus-Jünger erkennen den Unbekannten,*
3. *die Begegnung der Emmaus-Jünger mit den Jüngern in Jerusalem.*

Die innere Situation der Jünger verändert sich auf ihrem Weg. (Lk 24,13–35)

Arbeitsauftrag:

Stellen Sie in vier Standbildern die Situation der Jünger dar:

1. *zu Beginn des Weges,*
2. *am Ende des Weges,*
3. *nach der Erkenntnis, dass der unbekannte Reisegefährte Jesus ist,*
4. *nach der Verkündigung der Frohen Botschaft in Jerusalem.*

Kreative Auseinandersetzung mit der Emmaus-Geschichte

A. Jesus belehrt die Jünger auf dem Weg

Arbeitsauftrag:

Versuchen Sie, in einem Rollenspiel darzustellen:

a) das katechetische Bemühen Jesu, seinen Tod den trauernden Jüngern theoretisch zu erklären,

b) die Reaktion der Jünger auf die Katechese ihres vermeintlich fremden Weggefährten.

Sie können sich den Diskurs zwischen Jüngern und Jesus von Anfang an im Spielen erschließen, es besteht aber auch die Möglichkeit, die Kernaussagen zunächst schriftlich zu formulieren. Halten Sie die im Spiel erprobten Dialoge schriftlich fest.

B. Die Geschichte könnte auch anders enden

B 1. Die Jünger erkennen Jesus

Stellen Sie sich vor, die Geschichte endet mit V. 31a: „Da gingen ihnen die Augen auf, und sie erkannten ihn."

Arbeitsauftrag:

Schreiben Sie die Geschichte so weiter, als wäre Jesus am Tisch sitzen geblieben und als würde er nun wie früher bei seinen Jüngern sein.

B 2. Jesus entschwindet, sobald die Jünger ihn erkennen

Gehen Sie davon aus, die Erzählung endet mit dem Entschwinden Jesu V. 31b: „dann sahen sie ihn nicht mehr". Wäre es nicht verständlich, wenn die Jünger enttäuscht darüber sind, dass Jesus gerade in dem Moment, in dem sie ihn endlich erkennen, wieder verschwunden ist?

Arbeitsauftrag:

Schreiben Sie ein eigenes Ende der Geschichte.

C. Ein Journalist kümmert sich um die Geschehnisse um Jesus

Stellen Sie sich vor, Sie wären Reporter/Reporterin der Tageszeitung „Volksfront von Judäa". Als Schlagzeile für die morgige Ausgabe bestimmt Ihr Redakteur: „Alles Lug und Trug? – Die Auferstehung des Jesus aus N. in G.". Fassen Sie unter dieser Überschrift mögliche Reaktionen der Jünger auf Ihre Anfragen zusammen. Sie können die Jünger mit den möglichen Vorwürfen des Leichenraubs, der Halluzinationen und des Scheintods Jesu (oder anderen) konfrontieren.

Arbeitsauftrag:

Schreiben Sie den Artikel für die morgige Ausgabe.

Die Erscheinung Jesu in Jerusalem

36 Während sie noch darüber redeten, trat er (Jesus) selbst in ihre Mitte und sagte zu ihnen:

(1) ____!

37 (2) ______________________________________ denn sie meinten,

einen (3) ____________________ zu sehen.

38 Da sagte er zu ihnen: Was seid ihr so (4) ____________________? Warum lasst ihr in eurem Herzen

(5) ____________________ aufkommen?

39 Seht meine Hände und meine Füße an: Ich bin es selbst! Fasst mich doch an und begreift: Kein Geist hat

Fleisch und Knochen, wie ihr es bei mir seht. 40 Bei diesen Worten zeigte er ihnen seine Hände und Füße.

41 Sie staunten, konnten es aber vor (6) ____________________ immer noch nicht glauben. Da sagte

er zu ihnen: (7) ____

42 Sie gaben ihm ein Stück gebratenen Fisch;

43 er (8) ____.

44 Dann sagte er zu ihnen: Das sind die Worte, die ich zu euch gesagt habe, als ich noch bei euch war:
Alles muss in Erfüllung gehen, was im Gesetz des Mose, bei den Propheten und in den Psalmen über
mich gesagt ist. 45 Darauf öffnete er ihnen die Augen für das Verständnis der Schrift. 46 Er sagte zu ihnen:
So steht es in der Schrift: Der Messias wird leiden und am dritten Tag von den Toten auferstehen, 47 und
in seinem Namen wird man allen Völkern, angefangen in Jerusalem, verkünden, sie sollen umkehren,
damit ihre Sünden vergeben werden. 48 Ihr seid Zeugen dafür. 49 Und ich werde die Gabe, die mein Vater
verheißen hat, zu euch herabsenden. Bleibt in der Stadt, bis ihr mit der Kraft aus der Höhe erfüllt werdet.

Lk 24,36–49

Lücke 1:
a) Der Herr sei mit euch!
b) Ich bin bei euch alle Tage bis an das Ende der Welt!
c) Friede sei mit euch!
d) Fürchtet euch nicht!

Lücke 2:
a) Sie waren überrascht und voll Freude,
b) Sie priesen und lobten den Herrn,
c) Sie schauderten und weinten,
d) Sie erschraken und hatten große Angst,

Lücke 3:
a) Geist
b) Betrüger
c) Propheten
d) Engel

Lücke 4:
a) erfreut
b) traurig
c) kleinmütig
d) bestürzt

Lücke 5:
a) solche Angst
b) solche Freude
c) solchen Kleinmut
d) solche Zweifel

Lücke 6:
a) Angst
b) Freude
c) Staunen
d) Zweifel

Lücke 7:
a) Habt ihr etwas zu essen hier?
b) Kann ich euer Gast sein?
c) Braucht ihr noch Beweise?
d) Ich habe großen Hunger.

Lücke 8:
a) nahm es, segnete es und verwandelte es in Brot
b) nahm es und erweckte es zum Leben
c) nahm es, aß und übergab sich vor ihren Augen
d) nahm es und aß es vor ihren Augen

Arbeitsauftrag:

Lesen Sie sich den Text in Gruppen durch und füllen Sie die Lücken, indem Sie sich für eine der vier Möglichkeiten begründet entscheiden.

Rollenspiel zur Erscheinung Jesu in Jerusalem

1. Regeln und Durchführung des Rollenspiels

Um die „Bühne" vor der Tafel wird ein Stuhlhalbkreis gebildet. Möglich sind auch zwei Reihen, wobei in der ersten die Schüler sitzen, die gerne spielen möchten, in der zweiten jene, die sich das (noch) nicht zutrauen.

a) Es spielen in mehreren Durchgängen je ca. 5–7 Personen.

b) Die Spieler versetzen sich in die Situation Jesu und der Jünger, wie der Bibeltext sie beschreibt. Es geht darum, sich auf die Situation einzulassen, weniger darum, sich vorzustellen, wie Jesus und die Jünger damals reagiert haben (auch wenn sich das nicht ganz trennen lässt).

c) Das Spiel kann durch Fragen und Aussagen des Moderators (Lehrer oder ein dafür ausgewählter Schüler) unterbrochen bzw. angeregt werden, z. B. durch Fragen nach Gefühlen, die eine bestimmte Handlung ausgelöst haben, durch Provokation von weiterführenden Handlungen, durch Nachfragen („Was möchtest du Jesus jetzt gerne sagen?" usw.) oder Aussagen, die zu Handlungen veranlassen („Dein Jünger ist jetzt traurig" usw.).

d) Wenn das Spiel stockt, können die beobachtenden Schüler aus der ersten Reihe die Rolle eines Spielers ersetzen, indem sie aufzeigen, nach Unterbrechung des Spiels durch den Moderator (auf ein akustisches Signal hin frieren die Spieler in der Szene ein) mit einem Spieler den Platz tauschen und ihre Spielideen umsetzen.

e) Schüler der zweiten Reihe erhalten Beobachtungsaufträge, z. B. die Reaktionen der Spieler aufeinander genau zu beschreiben, sich auf die Gestik und Mimik bestimmter Figuren zu konzentrieren usw.

f) Nach dem ersten Durchgang können die Beobachter in die erste Reihe wechseln, diejenigen, die schon gespielt haben, gehen dann in die zweite Reihe oder kehren, falls von dort niemand wechseln möchte, wieder auf ihren Platz in der ersten Reihe zurück.

g) Spätestens nach drei Durchgängen sollte eine Reflexionsrunde durchgeführt werden.

2. Reflexion

1. Zunächst stellen die Schüler aus der zweiten Reihe ihre Beobachtungen dar. Sie werden durch Beobachtungen der Schüler aus der ersten Reihe ergänzt, die zum großen Teil selbst gespielt haben.
2. Die Spieler beschreiben ihre Gefühle in den unterschiedlichen Situationen des Spiels: Wie war das, als der tot geglaubte Jesus plötzlich auftauchte? Wie haben die Worte gewirkt, die er gesprochen hat? Wie ist er auf die Gefühle seiner Jünger eingegangen? Wie haben sich die Schüler gefühlt, die versucht haben, die Jesusrolle auszufüllen? Was haben sie an Emotionen gespürt, die ihnen von außen entgegenkamen? etc.
3. Die Stunde sollte mit einer Metareflexion abgeschlossen werden: Was haben wir durch das Rollenspiel gelernt? Inwiefern eröffnet das Spiel eine neue Perspektive auf den biblischen Text?

Himmelfahrt oder Vatertag

Arbeitsaufträge:

1. *Notieren Sie, was Ihnen zum Stichwort „Vatertag" einfällt.*
2. *Schreiben Sie für ein Lexikon eine Erklärung, warum der Vatertag ausgerechnet auf den Himmelfahrtstag fällt. Lassen Sie dabei Ihrer Fantasie freien Lauf.*

Lukanische Himmelfahrtserzählungen
Synopse Lukas 1,1–4 und 24,44–53 – Apostelgeschichte 1,1–14

Lk 1,1–4; 24,44–53

1 1 Schon viele haben es unternommen, einen Bericht über all das abzufassen, was sich unter uns
ereignet und erfüllt hat. 2 Dabei hielten sie sich an
die Überlieferung derer, die von Anfang an Augen-
zeugen und Diener des Wortes waren. 3 Nun habe
auch ich mich entschlossen, allem von Grund auf
sorgfältig nachzugehen, um es für dich, hochver-
ehrter Theophilus, der Reihe nach aufzuschreiben.
4 So kannst du dich von der Zuverlässigkeit der
Lehre überzeugen, in der du unterwiesen wurdest.

---

24 44 Dann sprach er zu ihnen: Das sind die Worte,
die ich zu euch gesagt habe, als ich noch bei euch
war: Alles muss in Erfüllung gehen, was im Gesetz
des Mose, bei den Propheten und in den Psalmen
über mich gesagt ist. 45 Darauf öffnete er ihnen die
Augen für das Verständnis der Schrift. 46 Er sagte
zu ihnen: So steht es in der Schrift: Der Messias
wird leiden und am dritten Tag von den Toten
auferstehen, 47 und in seinem Namen wird man
allen Völkern, angefangen in Jerusalem, verkünden, sie
sollen umkehren, damit ihre Sünden vergeben werden.
48 Ihr seid Zeugen dafür.

49 Und ich werde die Gabe, die mein Vater verheißen hat, zu euch herabsenden.

Bleibt in der Stadt, bis ihr mit der Kraft aus der
Höhe erfüllt werdet.

50 Dann führte er sie hinaus in die Nähe von **Be-
tanien.**

Dort erhob er seine Hände und segnete sie.

51 Und während er sie segnete, verließ er sie und
wurde zum Himmel emporgehoben;

52 sie aber fielen vor ihm nieder.

Dann kehrten sie **in großer Freude**
nach Jerusalem zurück.

53 Und sie waren **immer im Tempel** und priesen
Gott.

Apg 1,1–14

1 Im ersten Buch, lieber Theophilus, habe ich über
alles berichtet, was Jesus getan und gelehrt hat,
2 bis zu dem Tag, an dem er (in den Himmel) aufgenommen wurde.

Vorher hat er durch den Heiligen Geist den Aposteln, die er sich erwählt hatte, Anweisungen gegeben.

3 Ihnen hat er nach seinem Leiden durch viele Beweise gezeigt, dass er lebt; **vierzig Tage** hindurch
ist er ihnen erschienen und hat vom Reich Gottes
gesprochen.

- - -

4 Beim gemeinsamen Mahl gebot er ihnen: Geht
nicht weg von Jerusalem, sondern wartet auf die
Verheißung des Vaters, die ihr von mir vernommen habt.

5 Johannes hat mit Wasser getauft, ihr aber werdet
schon in wenigen Tagen mit dem Heiligen Geist
getauft.

6 Als sie nun beisammen waren, fragten sie ihn:
Herr, stellst du in dieser Zeit das Reich für Israel
wieder her? 7 Er sagte zu ihnen: Euch steht es nicht
zu, Zeiten und Fristen zu erfahren, die der Vater in
seiner Macht festgesetzt hat.

8 Aber ihr werdet die Kraft des Heiligen Geistes empfangen, der auf euch herabkommen wird; *und ihr*
werdet meine Zeugen sein in Jerusalem und in ganz
Judäa und Samarien und bis an die Grenzen der Erde.

9 Als er das gesagt hatte, wurde er vor ihren Augen
emporgehoben, und eine Wolke nahm ihn auf
und entzog ihn ihren Blicken.

10 Während sie unverwandt ihm nach zum Himmel emporschauten, standen plötzlich zwei Männer in weißen Gewändern bei ihnen 11 und sagten:
Ihr Männer von Galiläa, was steht ihr da und
schaut zum Himmel empor? Dieser Jesus, der von
euch ging und in den Himmel aufgenommen wurde, wird ebenso wiederkommen, wie ihr ihn habt
zum Himmel hingehen sehen.

12 Dann kehrten sie vom **Ölberg**, der nur einen
Sabbatweg von Jerusalem entfernt ist, nach Jerusalem zurück.

13 Als sie in die Stadt kamen, gingen sie **in das
Obergemach** hinauf, wo sie **nun ständig** blieben:
Petrus und Johannes, Jakobus und Andreas, Phi-
lippus und Thomas, Bartholomäus und Matthäus,
Jakobus, der Sohn des Alphäus, und Simon, der
Zelot, sowie Judas, der Sohn des Jakobus.

14 Sie alle verharrten dort einmütig im Gebet, zusammen mit den Frauen und mit Maria, der Mutter Jesu, und mit seinen Brüdern.

Lukanische Himmelfahrtserzählungen

Die zwei lukanischen Vorworte und Himmelfahrtserzählungen – ein Vergleich			
	Lk 1,1–4; 24,44–53	Gemeinsamkeiten	Apg 1,1–14
Inhalt des Vorwortes	Absicht, alles über Jesus Überlieferte der Reihe nach aufzuschreiben, damit sich jeder von der Wahrheit der Botschaft Jesu überzeugen kann	Adressat: Theophilus	Zusammenfassung des ersten Buches (Lukasevangelium), *(40 Tage Reich-Gottes-Verkündigung des auferstandenen Jesus; beim gemeinsamen Mahl Befehl, in Jerusalem zu bleiben)*
Zweck des Vorwortes im Hinblick auf die folgende Schrift	Eigene Gesinnung der Sorgfalt darlegen und den Rezipienten einladen, sich von der Botschaft Jesu überzeugen zu lassen	Überzeugungskraft der Botschaft Jesu stärken	Erinnerung an den Bericht über Jesu (direktes) Wirken, der an der Schnittstelle der Himmelfahrt Jesu fortgesetzt werden muss: sein (indirektes) Wirken durch den Heiligen Geist geht weiter
Inhalt der Rede Jesu an seine Jünger	Deutung seines Lebens, Sterbens und Auferstehens aus der Schrift		Reich Gottes
Frage der Jünger	Ist der Gekreuzigte der Auferstandene?		Wann kommt das Reich Gottes?
Antwort Jesu	Identität wird deutlich in Schriftauslegung und im gemeinsamen Mahl		Wissen über den genauen Zeitpunkt ist Gott vorbehalten
Befehl Jesu		Bleibt in Jerusalem!	
Verheißung	Gabe, Kraft aus der Höhe	Kraft / vom Vater verheißen	Heiliger Geist
Folge der verheißenen Gabe	Allen Völkern wird die notwendige Umkehr zur Vergebung der Sünden verkündet	Jünger geben Zeugnis von Jesu Botschaft	Bis an die Grenzen der Erde (überall) wird Jesus als der Christus verkündet
Zeitraum zwischen Auferstehung und Himmelfahrt	Lk 24: Das leere Grab am Morgen, der Emmausweg über den Tag, am Abend die Erscheinung Jesu in Jerusalem, danach direkt Himmelfahrt		40 Tage (symbolische Zahl)
Ort der Himmelfahrt	Betanien		Ölberg
Wie geschieht die Himmelfahrt?	zum Himmel	wird emporgehoben	verschwindet in Wolke
Botschaft bei der Himmelfahrt	Segen Jesu		Verheißung der Engel: So wie Jesus gegangen ist, wird er wiederkommen
Anwesende bei der Himmelfahrt	(inklusive Frauen?)	Jünger	Petrus und Johannes, Jakobus und Andreas, Philippus und Thomas, Bartholomäus und Matthäus, Jakobus, der Sohn des Alphäus, Simon, der Zelot, Judas, der Sohn des Jakobus
Reaktion der Jünger	Sie fallen nieder in großer Freude im Tempel (öffentlich)	Rückkehr nach Jerusalem Gebet	Sie starren zum Himmel ein Sabbatweg im Obergemach (privat)

Arbeitsaufträge:

1. Vergleichen Sie die beiden Vorworte und Himmelfahrtserzählungen und füllen Sie die Felder entsprechend aus.
2. Formulieren Sie Schlagzeilen, mit denen heute eine Zeitung wie die Bildzeitung die beiden Erzählungen reißerisch betiteln würde.
3. Suchen Sie Erklärungen für die **Unterschiede**. Welche Absichten könnte Lukas damit verfolgt haben?
4. Bedenken Sie die **Gemeinsamkeiten**. Aus welchen Gründen liegen die Gemeinsamkeiten dort, wo sie liegen?

Johannes Fischer: Gedankenexperiment – Was wäre, wenn ...?

Es war am Tag der Himmelfahrt Jesu. Die Jünger waren mit Jesus aus Jerusalem hinausgegangen nach Bethanien. Dort wollte Jesus Abschied nehmen von ihnen, und er segnete sie ein letztes Mal. Da ergriff die Jünger die Angst und sie hielten Jesus fest und sagten: „Herr, was soll aus deiner Gemeinde werden, wenn du uns verlässt? Du kennst doch die Menschen. Sie wollen Beweise, und sie werden uns nicht glauben, wenn wir ihnen von deiner Auferstehung erzählen. Vielmehr werden sie uns Scharlatane und Lügner nennen, statt zum Glauben an dich zu kommen, und am Ende wird umsonst gewesen sein, was du für uns tun wolltest. Du hast gesagt, du wollest bei uns bleiben alle Tage, bis an das Ende der Welt. So bleibe sichtbar unter uns, auf dass viele Menschen gerettet werden, die auf ein bloßes Wort hin nicht an dich glauben würden!" Da sprach Jesus: „O ihr Kleingläubigen! Habt ihr so wenig Vertrauen in das Wirken des Geistes, den ich euch doch an meiner Stelle hier auf Erden lasse, damit er im Unsichtbaren die Herzen bewegt und die Menschen auf mein Wort hin bekehrt? Nein, ich sehe eure Angst, und dass ihr noch nicht reif seid für die Zeit, da ich zu meinem Vater zurückkehre, so will ich euch nachgeben und bei euch aushalten, bis dass das Ende gekommen ist und alle Welt sich vom Wort des Lebens umkehren lässt." Und er blieb auf der Erde, anfänglich in Jerusalem, später in Rom, in der Hauptstadt des damaligen Weltreiches.

Johannes Fischer: Glaube als Erkenntnis. Studien zum Wahrnehmungscharakter des christlichen Glaubens. München 1989.

Arbeitsauftrag:

Schreiben Sie die Geschichte weiter. Stellen Sie sich genau vor, wie Jesus in Rom lebt und wie die Menschen ihn verehren. Wie entwickelt sich dieser Jesus? Was könnte mit ihm geschehen?

Johannes Fischer: Gedankenexperiment – Was wäre, wenn …?

Und es schien, als hätten die Jünger Jesu recht gehabt. Die Gemeinde Jesu nahm einen ungeheuren Aufschwung, zu Hunderttausenden strömten die Menschen in die Gottesdienste der Christen. Denn das konnte keine der vielen Religionen auf der Erde vorweisen: Einen Gekreuzigten, von tödlichen Wundmalen gezeichnet, der dennoch lebte, ja ewiges Leben in sich zu haben schien, denn Generation um Generation von Menschen musste sterben, er dagegen lebte weiter inmitten seiner Gemeinde hier auf Erden. Vor diesem Wunder gingen Kaiser und Könige in die Knie und bekehrten sich zum christlichen Glauben. Das Evangelium vom Auferstandenen war eben nicht nur ein Wort, nein, man konnte es leibhaftig vor sich sehen. […] Und so fanden täglich Wallfahrten aus aller Welt nach Rom statt, wo der Auferstandene sich den Menschen zeigte. Und an Ostern, dem Tag seiner Auferstehung, wurde er in feierlicher Prozession durch die Straßen Roms getragen, und die Menschen säumten dicht gedrängt die Straßen und winkten ihm jubelnd zu, und jeder suchte einen Blick von ihm zu erhaschen oder gar sein Gewand zu küssen. […]

Freilich, wie immer und überall gab es selbst noch angesichts dieses Wunders Nörgler und Zweifler. Erst heimlich, dann immer offener bestritten sie, dass da alles mit rechten Dingen zugehe. Waren die Wunden wirklich echt […]? Und handelt es sich wirklich nach diesen vielen Jahrhunderten, die vergangen waren, noch um dieselbe Person, die einst auf Golgatha gekreuzigt worden war? Oder waren da insgeheim die Personen von Generation zu Generation vertauscht worden? […] Und noch manchen anderen Zweifel setzten sie in die Welt.

Da bildeten die Menschen eine unabhängige wissenschaftliche Kommission, die all diese Dinge überprüfen sollte. Ihr gehörten die fähigsten und angesehensten Wissenschaftler der Erde an, denn immerhin ging es um die wichtigste Frage überhaupt, um das Heil der Menschen und der ganzen Schöpfung. Wissenschaftler aus allen Fachrichtungen, Mediziner, Physiker, Biologen und Geschichtswissenschaftler […], stellten sich in den Dienst dieser Sache. Es war ein Glücksfall interdisziplinärer Zusammenarbeit, und die Theologie durfte es erleben, dass sie als gesonderte Disziplin überhaupt überflüssig wurde, weil die anderen Wissenschaften ihre Wahrheit viel besser bestätigten, als sie selbst es je hätte tun können. […]

Wie sehr man nun auch den Auferstandenen untersuchte, alle Untersuchungen konnten nichts Falsches an ihm feststellen. Die Zweifler und Skeptiker mussten beschämt ihren Irrtum eingestehen. Doch um auch in Zukunft falschen Verdächtigungen entgegentreten zu können, wurde eine dauerhafte wissenschaftliche Kommission eingerichtet. Es wurden regelmäßige aufwendige Kongresse über diese Frage abgehalten, und bald füllten die wissenschaftlichen Bücher über den Auferstandenen ganze Bibliotheken. Die Menschen wollten eben den Auferstandenen nicht nur sehen, sie wollten auch wissen, ob sie ihren Augen trauen durften. Und so haben sie die ganze Angelegenheit den Händen von Spezialisten überantwortet. […]

Alle komplizierten Forschungen und Untersuchungen freilich konnten doch nur die einfache Wahrheit bestätigen, die schon die Bibel mitzuteilen wusste: Dass dieser Mensch gekreuzigt worden war und seither aus dem Tode ins Leben zurückgekehrt war. So schien denn alles in Ordnung: Die Welt kam in überwältigender Zahl millionen- und milliardenfach zum Glauben an den Auferstandenen – und auch der Kirche ging es gut, nicht zuletzt finanziell, denn angesichts solch überwältigender Beweise waren die Menschen gerne bereit, für ihr Heil jedes Opfer zu bringen.

Johannes Fischer: Glaube als Erkenntnis. Studien zum Wahrnehmungscharakter des christlichen Glaubens. München 1989.

Arbeitsaufträge:

1. *Vergleichen Sie den von Fischer beschriebenen Fortgang der Geschichte mit Ihren eigenen Geschichten.*
2. *Schreiben Sie einen inneren Monolog Jesu, in dem er erläutert, wie er sich in seiner Rolle fühlt.*
3. *Beschreiben und beurteilen Sie, was die Menschen mit Jesus machen.*
4. *Stellen Sie sich vor, Jesus hat keine Lust mehr, sich bewundern zu lassen. Schreiben Sie die Geschichte so weiter, dass Jesus nun doch die Erde verlässt. Wie geht es dann weiter mit der Gemeinde?*

Johannes Fischer: Gedankenexperiment – Was wäre, wenn …?

Von so viel Glanz betäubt, merkten die Menschen gar nicht, dass in Wahrheit etwas Schreckliches geschehen war: Sie hatten sich ihres Heilandes bemächtigt. Er, der in der Niedrigkeit gekommen war, um ihr Bruder zu sein, war unter ihren Händen zum bestaunten Phänomen geworden. Er, der gekommen war, um sie aus den Gefangenschaften dieser Welt zu erlösen, war nun selbst ein Gefangener ihrer Wissenschaft geworden, zu einem Objekt ihrer wissenschaftlichen Forschung degradiert. Und unter den kalten Augen der Wissenschaft wurde aus ihm ein mirakulöses Wesen im fernen Rom, ein irgendwie unerklärliches Phänomen, über das die Welt ins Staunen geriet. Die Menschen hatten ihn vermessen, gewogen und für echt befunden, und je fester und gewisser sie ihn in der Hand zu haben glaubten, um so ferner war er ihnen unter ihren Händen geworden. Er war gekommen, um den Menschen persönlich zu begegnen und sie in seine Nachfolge zu rufen. Aber wenn die Menschen jetzt an ihn dachten, dann dachten sie an das Wesen, das die wissenschaftlichen Spezialisten ihnen bestätigten. 'Siehe, ich bin bei euch alle Tage, bis an der Welt Ende' – so hatte er einst seinen Jüngern verheißen. Nun war er alle Tage bei den Menschen, und in Wahrheit war er bei niemandem. Und die Menschen merkten es nicht einmal.

Da reute es Jesus, dass er damals der Bitte seiner Jünger nachgegeben hatte, und eines Tages verschwand er von der Erde. Fortan wollte er sich nur noch von denen finden lassen, die ihn in persönlicher Bindung suchten, in seinem Wort und in der stillen Konzentration des Gebets. Überall da wollte er dann auch wirklich und wahrhaftig gegenwärtig sein. Niemals mehr aber sollten die Menschen sich seiner bemächtigen und den Glauben an ihre Augen und den Scharfsinn ihrer wissenschaftlichen Theorien und Methoden über die Begegnung mit ihm selbst stellen können.

Für die Kirche begann damit eine Zeit großer Not. Sie hatte nichts mehr in den Händen, was sie hätte den Zweiflern und Spöttern entgegensetzen, womit sie sie hätte beschämen können. Viele Menschen kehrten ihr enttäuscht den Rücken. Und sie taten das oft durchaus aus innerer Redlichkeit und Wahrhaftigkeit, weil sie glaubten, in einer so wichtigen Sache, bei der es um die letzten Dinge des Lebens geht, sich nicht blind etwas anvertrauen zu dürfen, wofür es auch nicht den geringsten Beweis gab. Die Kirche litt an der Unsichtbarkeit ihres Herrn, und manchmal begann sie sogar, sich ihrer Botschaft, die sie so gegen allen weltlichen Augenschein verkündigen sollte, zu schämen. Alles, was sie den Menschen, welche Beweise und Zeichen der Gewissheit forderten, antworten konnte, bestand in dem Hinweis auf das Gebet und auf die Beschäftigung mit dem Wort der Schrift, in der Hoffnung, dass der auferstandene Herr selbst sich ihnen auf diesem Weg gewiss machen und ihnen so begegnen würde. Vielen erschien dies als zu wenig.

Johannes Fischer: Glaube als Erkenntnis. Studien zum Wahrnehmungscharakter des christlichen Glaubens. München 1989.

Arbeitsaufträge:

1. *Vergleichen Sie den von Fischer beschriebenen Fortgang der Geschichte mit Ihren eigenen Geschichten.*
2. *Erläutern Sie die Möglichkeiten, die die Kirche hat, um den Menschen Jesus nahezubringen. Bringen Sie noch andere Ideen ein außer jenen, die Fischer erwähnt.*

Benedikt XVI.: „Himmelfahrt" Jesu

Lukas sagt, dass die Jünger voll Freude waren, als der Herr endgültig von ihnen gegangen war [Lk 24,52]. Wir würden das Gegenteil erwarten. Wir würden erwarten, dass sie ratlos und traurig zurückblieben [...]

Die Freude der Jünger nach der „Himmelfahrt" korrigiert unser Bild von diesem Ereignis. „Himmelfahrt" ist nicht Weggehen in eine entfernte Zone des Kosmos, sondern die bleibende Nähe, die die Jünger so stark erfahren, dass daraus beständige Freude wird.

So hilft uns der Schluss des Lukasevangeliums, den Anfang der Apostelgeschichte besser zu verstehen, in dem die „Himmelfahrt" Jesu ausdrücklich geschildert wird. Dem Entschwinden Jesu geht hier ein Gespräch voraus, in dem die Jünger – immer noch in ihren alten Vorstellungen befangen – danach fragen, ob jetzt die Zeit da sei, das Königtum Israels zu errichten.

Dieser Vorstellung eines erneuerten David-Reiches stellt Jesus eine Verheißung und einen Auftrag entgegen. Die Verheißung ist, dass sie von der Kraft des Heiligen Geistes erfüllt werden; der Auftrag besteht darin, seine Zeugen bis an die Grenzen der Erde zu sein.

Das Fragen nach Zeiten und Fristen wird ausdrücklich abgelehnt. Nicht Geschichtsspekulation, nicht Ausschau nach kommendem Unbekannten ist die Haltung der Jünger. Christentum ist Gegenwart: Gabe und Auftrag, Beschenktwerden mit der inneren Nähe Gottes und – aus dieser heraus – Wirken im Zeugnis für Jesus Christus.

In diesem Zusammenhang steht dann die Aussage von der Wolke, die ihn aufnimmt und ihren Blicken entzieht. Die Wolke erinnert uns an die Stunde der Verklärung, in der die helle Wolke auf Jesus und die Jünger fällt (vgl. Mt 17,5; Mk 9,7; Lk 9,34 f.). Sie erinnert uns an die Stunde der Begegnung Marias mit dem Gottesboten Gabriel, der ihr die „Überschattung" mit der Kraft des Höchsten ankündigt (vgl. Lk 1,35). Sie erinnert uns an das heilige Gotteszelt des Alten Bundes, in dem die Wolke Zeichen der Gegenwart des Herrn ist (vgl. Ex 40,34 f.), der auch auf der Wüstenwanderung Israel als Wolke vorangeht (vgl. Ex 13,21 f.). Die Rede von der Wolke ist ganz eindeutig theologische Rede. Sie stellt das Entschwinden Jesu nicht als Reise zu den Sternen, sondern als Eintreten ins Geheimnis Gottes dar. Damit ist eine andere Dimension des Seins angesprochen. [...]

Der scheidende Jesus geht nicht irgendwo hin auf ein fernes Gestirn. Er geht in die Macht- und Lebensgemeinschaft mit dem lebendigen Gott ein, in Gottes Raumüberlegenheit. Darum ist er nicht „weggegangen", sondern nun immer von Gottes eigener Macht her bei uns und für uns da. In den Abschiedsreden des Johannesevangeliums sagt Jesus gerade dies zu seinen Jüngern: „Ich gehe und ich komme zu euch" (Joh 14,28). Hier ist das Besondere des „Weggehens" Jesu, das zugleich sein „Kommen" ist, wunderbar zusammengefasst, und damit ist zugleich das Geheimnis von Kreuz, Auferstehung und Himmelfahrt ausgelegt. Sein Weggehen ist gerade so ein Kommen, eine neue Weise der Nähe, bleibender Gegenwart, mit der auch Johannes die „Freude" verbindet, von der wir eben im Lukasevangelium gehört haben.

Weil Jesus beim Vater ist, ist er nicht fort, sondern in unserer Nähe. Nun ist er nicht mehr an einer einzelnen Stelle der Welt, wie vor der „Himmelfahrt", nun ist er für alle – die ganze Geschichte hindurch – und allerorten mit seiner raumüberschreitenden Macht gegenwärtig und rufbar. [...]

Jesus führt die Seinen in die Nähe von Bethanien, so wird gesagt. „Dort erhob er seine Hände und segnete sie. Und während er sie segnete, verließ er sie und wurde zum Himmel emporgehoben" (Lk 24,50 f.). Jesus scheidet segnend. Segnend geht er, und im Segnen bleibt er. Seine Hände bleiben ausgebreitet über diese Welt. Die segnenden Hände Christi sind wie ein Dach, das uns schützt. Aber sie sind zugleich eine Gebärde der Öffnung, die die Welt aufreißt, damit der Himmel in sie hereindringe, in ihr Gegenwart werden kann.

In der Gebärde der segnenden Hände ist das bleibende Verhältnis Jesu zu seinen Jüngern, zur Welt ausgedrückt. Im Weggehen kommt er, um uns über uns selbst aufzuheben und die Welt für Gott zu öffnen. Deswegen konnten sich die Jünger freuen, als sie von Bethanien nach Hause gingen.

Im Glauben wissen wir, dass Jesus seine Hände segnend über uns ausgebreitet hält. Dies ist der bleibende Grund christlicher Freude.

Joseph Ratzinger/Benedikt XVI., Jesus von Nazareth, Zweiter Teil: Vom Einzug in Jerusalem bis zur Auferstehung, S. 306–309, 317 f. (in Auszügen)

Arbeitsaufträge:

1. *Erörtern Sie die Deutung der Himmelfahrt durch Benedikt, indem Sie auf die Erarbeitung des Gedankenexperiments zurückgreifen, was passiert wäre, wenn Jesus nicht in den Himmel aufgefahren wäre.*
2. *Charakterisieren Sie das Vorgehen des emeritierten Papstes, indem Sie sich auf die im Unterricht erarbeiteten Unterschiede der beiden lukanischen Himmelfahrtserzählungen beziehen. Gehen Sie dabei auch auf das Symbol der Wolke ein, wie Benedikt es beschreibt.*
3. *Erläutern Sie die Interpretation des Papstes bezüglich der Segensgeste Jesu und nehmen Sie zu ihr Stellung. Verbinden Sie damit auch den Hinweis, dass Jesus die Frage nach Zeiten und Fristen abweist. Wie hängen Segenshandlung und Zeitvorstellung zusammen?*

M 18

Zusammenfassung: Skizze der lukanischen Argumentation

Arbeitsauftrag:

Vervollständigen Sie die Strukturzeichnung und machen Sie Beziehungen zwischen einzelnen Textabschnitten durch Pfeile kenntlich.

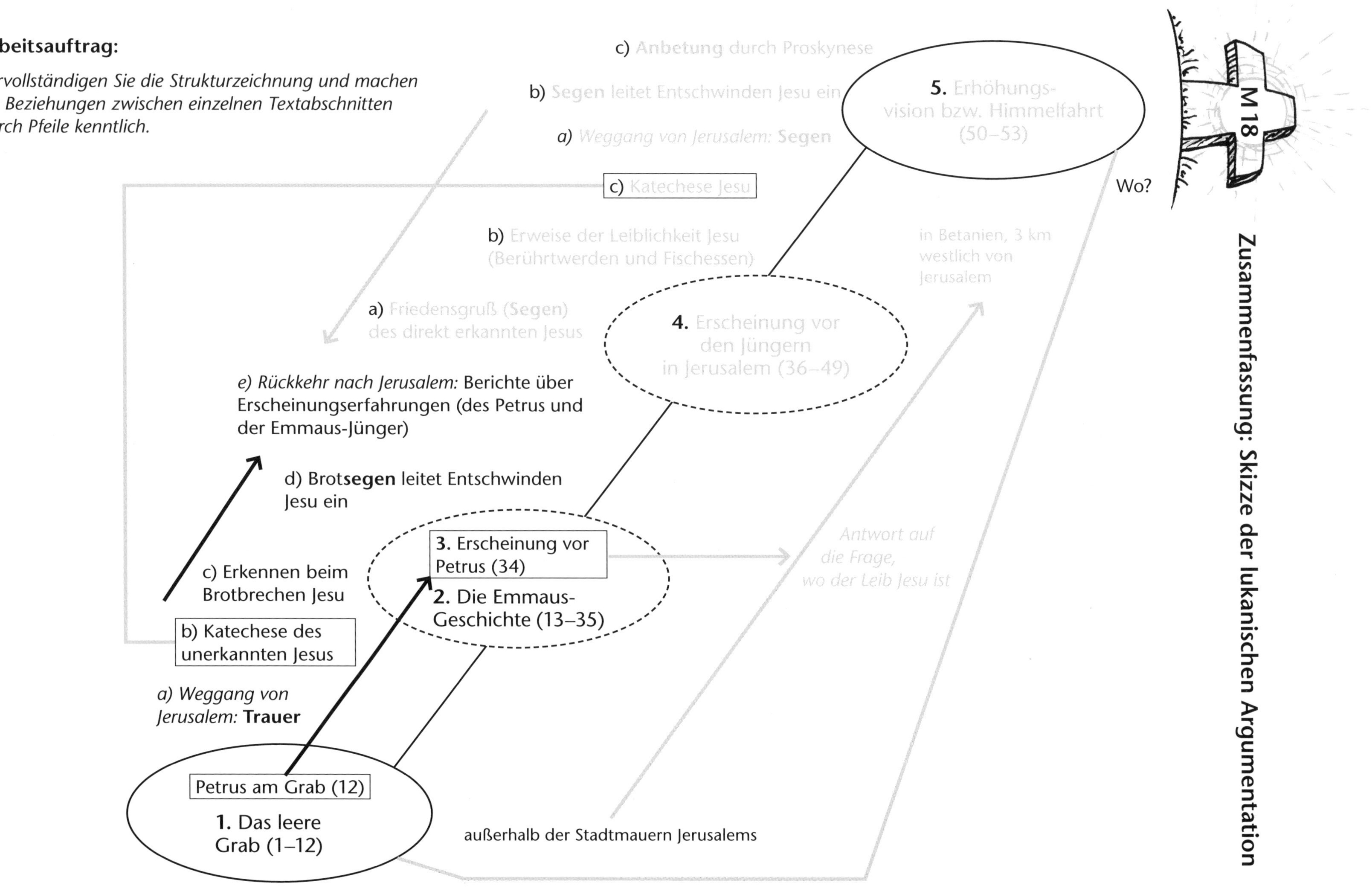

3. Der Streit um das leere Grab

M 19 Fantasieerzählung

Kompetenzschwerpunkte: *Kognitiv und methodisch-kreativ*: Eine Fantasiegeschichte schreiben, die eine nachvollziehbare Lösung präsentiert (A), die ein mögliches Geschehen detailliert rekonstruiert (B), die unterschiedliche Lösungen anbietet und reflektiert und sich schließlich begründet für eine entscheidet (C).

Planung: M 19 dient einer vergegenwärtigenden Vorbereitung der Auseinandersetzung mit den biblischen Leere-Grab-Erzählungen. Sie kann entfallen und sollte weggelassen werden, wenn es in den Familien- oder Freundeskreisen der Schüler aktuelle Todesfälle gibt. Das dürfte Ihnen aufgrund der beiden vorangegangenen Sequenzen bekannt sein. In den Fantasieerzählungen kommt es erfahrungsgemäß zu makabren Schilderungen, die sehr lustig sein können, für Trauernde aber kaum erträglich sein dürften. Die Schüler werden aufgefordert, eine Fantasiegeschichte zu schreiben. Die vorgeschlagenen Titel können die Kreativität in Richtung einer bestimmten Lösung wecken, je nach Stärke der Lerngruppe können sie weggelassen werden. Anschließend sollten die verschiedenen Lösungen verglichen und diskutiert werden.

Erwartungshorizont: In den Geschichten der Schüler können sich Entwicklungsstufen ihres Weltbildes zeigen: animistisch, magisch, mythisch, realistisch usw. Die Ergebnisse können als Basis für weitere didaktische Entscheidungen dienen. Sie vergegenwärtigen die Einsicht, dass ein leeres Grab noch nichts über den Verbleib des Leichnams aussagt.

M 20 Das leere Grab im Lukas- und im Markusevangelium – ein Vergleich

Kompetenzschwerpunkte: *Methodisch-kreativ und religionspädagogisch:* Die beiden synoptischen Texte entsprechend den vorgegebenen Aspekten vergleichen und erste Schlüsse daraus ziehen (A), die unterschiedliche Reaktion der Frauen als den zentralen Unterschied in den Erzählvarianten feststellen und daraus eine Motivation für die diachrone Arbeit gewinnen (B), die drei Unterschiede herausarbeiten, Ansätze für eine eigene Erklärung liefern und aus den Hypothesen das Interesse an historisch-kritischer Klärung entwickeln (C).

Planung: Gefordert ist ein verkürzter synoptischer Vergleich. Gemeinsamkeiten und Unterschiede werden herausgearbeitet. Hierbei ist eine Binnendifferenzierung möglich, indem Sie entweder die Aspekte in der linken Tabellenspalte als Hilfe vorgeben oder von den Schülern selbst erarbeiten lassen. Die Schüler sollen weiterhin eine Textüberschrift formulieren und darin evtl. schon den zentralen Unterschied in der Reaktion der Frauen auf die Engelbotschaft wahrnehmen. Die abschließende Spekulation über die Intentionen der Verfasser leitet bereits über zur Erarbeitung von M 23.

Erwartungshorizont: Es sollen folgende Unterschiede erkannt werden:

1. Die Ratlosigkeit der Frauen ist unterschiedlich motiviert, bei Markus auf dem Weg zum Grab wegen des schweren Steins, bei Lukas im Grab wegen des fehlenden Leichnams.
2. Die Anzahl der Engel variiert und sie haben unterschiedliche Aufträge, bei Markus nach Galiläa zu gehen, bei Lukas sich an Jesu Verkündigung in Galiläa zu erinnern.
3. Die Reaktionen der Frauen auf den Auftrag der Engel sind unterschiedlich: Lukas fundiert den Auferstehungsglauben der Frauen bereits in der Entdeckung des leeren Grabes. Als dazu der Engelsbefehl kommt, erinnern sie sich an die Ankündigungen Jesu. Bei Markus hingegen erfüllen die Frauen den Auftrag der Engel nicht, den Jüngern zu verkünden, dass sie Jesus in Galiläa sehen werden.

Folgende Gemeinsamkeit soll erkannt werden:
Das ursprüngliche Zeugnis steht als elementare Wahrheit im Zentrum und nivelliert die Differenzen zwischen Markus und Lukas: Jesus lebt. Damit hat Gott im Leben, Sterben und Auferstehen Jesu seine Ehrfurcht gebietende und auch verstörende Macht über den Tod erwiesen (*mysterium tremendum* – betont bei Markus), die sich als unfassbar heilsame Liebe den Menschen mitteilt (*mysterium fascinosum* – betont durch Lukas).

M 21 Experiment: Ebenen der Überlieferung

Kompetenzschwerpunkte: *Kommunikativ und personal-sozial (damit auch religionspädagogisch):* Die vorgegebene Geschichte in Grundzügen weitergeben und später eigene Veränderungen wahrnehmen (A), die Geschichte detailliert tradieren und später Gründe für die eigene Variante nennen (B), später die eigenen Interessen im Tradierungsprozess differenziert beschreiben und beurteilen (C).

Planung: Die Tradierung eines biblischen Textes wird anhand der Tradierung einer Erzählung nachgespielt, die aufgrund ihres lebensweltlichen Bezugs bei den meisten Schülern auf Interesse stößt. Vorgehensweise und Ergebnisse sind zu reflektieren. Das Experiment kann neben dem Unterricht mit interessierten Schülern während einer längeren Stillarbeit oder einer Konzentrationsübung (z. B. Mandala malen) durchgeführt werden. Zur Durchführung des Experiments werden mindestens sieben Schüler benötigt. Es kann aber auch mit der gesamten Lerngruppe durchgeführt werden.

Erwartungshorizont: Im Verlauf und in der Auswertung des Experiments soll klar werden, dass jeder eine Erzählung entsprechend seinem persönlichen Zugang versteht, in der Wiedergabe Aspekte betont, die aus seiner Perspektive wichtig sind, weglässt, was ihn nicht so sehr betrifft, und leichte Veränderungen vornimmt. Trotz dieser Tradierungsverschiebungen ist die Erzählung in ihren verschiedenen Versionen in der Regel wiederzuerkennen und wird in ihrem Kern meistens nicht verändert. Überleitend wird auf die drei Ebenen der Texttradierung bei Lukas und Markus eingegangen (vgl. M 22a): Ebene A: Ursprüngliches Zeugnis (der Jünger), Ebene B: Mündliche Tradierung des Zeugnisses (glaubwürdiger Jünger), Ebene C: Schriftliche Fixierung einer mündlichen Tradition (die aufgrund ihres Inhalts begeistert und als tradierungswürdig angesehen wird).

M 22 Unterschiedliche Interessen der Evangelisten

Kompetenzschwerpunkte: *Kognitiv:* Das Modell der vier Ebenen in Grundzügen wiedergeben und die historischen Gründe für die Unterschiede in Ansätzen nachvollziehen (A), die historischen Hintergründe für die synoptischen Varianten rekonstruieren und sie mithilfe des Modells erklären (B), später (M 26) das Modell auch auf die Matthäusvariante der Leere-Grab-Geschichte anwenden (C); *Existenziell-religiös:* Die Bedeutung der historischen Hintergründe für die eigene religiöse Orientierung einschätzen (A), die historischen Hintergründe für die Begründung der eigenen Orientierung nutzen (B), die eigene religiöse Orientierung durch den Filter der historischen Hintergründe selbstkritisch verändern (C).

Planung: Der Lehrer präsentiert das Modell der vier Ebenen entweder am Beispiel des Experiments M 21 oder an einem anderen Beispiel. Alternativ kann dazu ein Schülerreferat vorbereitet werden (inhaltliche Hilfestellung dazu durch M 21a).
Anschließend arbeiten die Schüler einzeln oder zu zweit am Text unter Einbeziehung der historischen Hintergrundinformationen durch die Texte von Göllner (zu Markus) und Bösen (zu Lukas). Hierbei soll das Modell der vier Ebenen auf die Leere-Grab-Geschichten bei Markus und Lukas bezogen werden (M 21b und c). Abschließend erfolgt eine Ergebnissicherung durch Tafelanschrieb (mögliche Lösung s. u.). Bitte beachten Sie, dass die Grenze zwischen Ebene B und Ebene C spekulativ und daher fließend ist.

Erwartungshorizont: Zu den Ebenen A–C (s. o. zu M 21) tritt Ebene D, die Aufnahme eines Textes in den neutestamentlichen Kanon. Die Unterschiede zwischen Markus und Lukas (s. o. zu M 20) werden in Bezug auf historische Hintergründe interpretiert (M 22b + c):

1. Markus symbolisiert entsprechend der frühjüdischen Fragestellung durch das offene Grab die Gottesherrschaft auch im Tod, während Lukas als Reaktion auf eine dualistische Anthropologie das Nichtvorhanden-Sein des Leichnams akzentuiert.
2. Durch die unterschiedliche Zahl der Engel wird die im Letzten rational nicht auflösbare Offenbarungssituation angezeigt. Markus betont durch die Rückkehr nach Galiläa die notwendige Besinnung auf die Wurzeln des Jesusweges, während Lukas durch das Bleiben in Jerusalem den Verkündigungsauftrag an die ganze Welt akzentuiert.
3. Markus stärkt mit dem Schweigen der Frauen für die Leser seiner Zeit ihre Glaubwürdigkeit. Die Verwandlung der ‚gott-losen' Scheol durch das göttliche Handeln im Tod Jesu ist so ungeheuerlich und (Ehr-)Furcht erregend, dass es für Markus' Leser nur allzu verständlich ist, wenn die Frauen schweigen

(Ebene B). Markus zeigt deshalb das geöffnete Grab als Fenster zur göttlichen Auferstehungsmacht (Ebene C).

Damit bietet der Erzähler sowohl bei Markus als auch bei Lukas eine bestimmte Akzentuierung des ursprünglichen Zeugnisses (Ebene A). Die Texte werden nicht als sich widersprechende und damit ausschließende Fiktionen gedeutet, somit ist die Kanonisierung beider Texte nachvollziehbar (Ebene D).

Mögliches Tafelbild:

	Markusevangelium	**Lukasevangelium**
Ebene A (ursprüngliches Zeugnis der Frauen)	Entdecken des leeren Grabes Offenbarungserfahrung: Jesus ist auferstanden Reaktion des Erschreckens	
Ebene B (C) (mündliche Tradierung)	Frauen können leeres Grab nicht deuten, sie schweigen zunächst, fliehen aus Jerusalem Glaubwürdigkeit der Frauen durch das berichtete Schweigen (Botschaft ist unglaublich)	Frauen erinnern sich an die Worte Jesu in Galiläa und berichten den Jüngern von ihrer Erfahrung Unglaubwürdigkeit der Frauen aus der Sicht der Jünger (Botschaft ist unglaublich)
	Überlieferte Form der Offenbarungserfahrung: Engelbotschaft	
Ebene C (B) (schriftliche Fixierung)	Öffnung des Grabes: Die Macht Gottes über die Scheol wird deutlich (positivere Sicht auf den Tod)	Kontrast zum hellenistischen, dualistischen Menschenbild: Der ganze Mensch ist auferstanden
Ebene D (Kanonisierung)	Der Kern der Botschaft ist derselbe: Gott zeigt in Jesus seine Macht auch über den Tod; Jesus ist auferweckt von den Toten	

Verkürzte Alternative zu M 20–22

In einem Textpuzzle (s. M 27a) sortieren die Schüler die durcheinandergeratenen Textbausteine der Leere-Grab-Traditionen bei Markus und Lukas und werden so für den synoptischen Vergleich motiviert (M 20). Die Bearbeitung der Vier-Ebenen-Theorie (M 21, M 22a) entfällt. Die Schüler werden in Markus- und Lukas-Gruppen aufgeteilt. Die Markus-Gruppen erhalten die Hintergrundinformationen zu Markus (M 22b), die Lukas-Gruppen erhalten diejenigen zu Lukas (M 22c) mit dem Auftrag, ein Theaterstück über die Entdeckung des leeren Grabes aufzuführen, in dem die jeweilige Intention des Evangelisten herausgearbeitet wird. Motivierend ist, wenn der Lehrer bzw. die Schüler Requisiten besorgen (Decken, Engelkostüme, Schwert zum Öffnen der Todespforte etc.). Durch diese Methode transformieren die Schüler ihre Reflexionen über den Hintergrund in ein körperhaftes Spiel. Erfahrungsgemäß bewirkt das Rollenspiel einen nachhaltigen Lernerfolg.

M 23 Michael Heymel: Auferstehung als Nachfolge Christi – Vertiefung des Vergleichs

Kompetenzschwerpunkte: *Religionspädagogisch:* Die eigenen Zweifel und Fragen an die Leere-Grab-Geschichte benennen (A), sie auf die bereits geleistete diachrone Arbeit beziehen (B) und sie mit der theologischen Vorstellung verbinden, dem auferstandenen Jesus in seiner Nachfolge zu begegnen (C);
Kognitiv: Ein Schriftzitat auswählen, das zur Auslegung passt, und die Auswahl in Ansätzen begründen (A), die Auswahl detailliert im Rückgriff auf den synoptischen Vergleich zwischen Markus und Lukas begründen (B) und passende Beispiele für die Konkretisierung der Thesen Heymels (er-)finden (C)

Planung: Hier können Sie an M 19 anknüpfen und die Schüler ihre eigenen Erklärungsversuche für das leere Grab mit den Erklärungen bei Markus und Lukas vergleichen lassen (Diebstahl, Verwechslung, unglaubwürdige Zeugen).

Durch das Einfügen eines entfernten Schriftzitats in die Schriftauslegung des Pfarrers Michael Heymel, geb. 1953, wird der synoptische Vergleich von Markus und Lukas vertieft. Eine Möglichkeit zur Binnendifferenzierung ist das Angebot möglicher Zitate. Stärkere Schüler können ohne Vorgaben ein passendes Zitat finden.

Erwartungshorizont: Das passende Schriftzitat ist Mk 16,7: „Er geht euch voraus nach Galiläa; dort werdet ihr ihn sehen, wie er es euch gesagt hat." Die Auferstehung wird nur in der Nachfolge Jesu erfahren. So legt Heymel die Engelsbotschaft aus. Diese Auslegung erübrigt alle Fragen nach historischer oder physikalischer Möglichkeit einer leibhaften Auferstehung. Wer sich an Jesus, so wie er gelebt hat, erinnert und seinen Weg nachgeht, der erfährt die Gegenwart des Auferstandenen. Folgende Fragen können diskutiert werden: Wird diese Auslegung der Erfahrung der konkret-leibhaften Lebendigkeit des Jesus von Nazareth gerecht, wie er etwa auf dem Emmaus-Weg den trauernden Jüngern begegnet und sie schließlich beim Mahl zum Auferstehungsglauben führt? Ist die Erfahrung der Erstzeugen nicht doch auch eine qualitativ andere Erfahrung als jene, die wir hier und heute machen können? Die Aufgaben 2 und 3 unterstreichen den hohen Anspruch, den Heymel an christliche Gemeinden richtet. Es ist nicht unwahrscheinlich, dass Schüler die Aufgabe überfordert. Dieses Scheitern ist einkalkuliert und muss im Unterricht reflektiert werden: Wie könnte sich eine Gemeinde verhalten, damit Christus in ihr lebendig wird? Was kann das heißen, dass der Auferstandene selbst zum Ausleger der Lebensverhältnisse in einer Gemeinde wird (dazu ein Beispiel s. M 32)?

M 24 Ulrich Wilckens: Das Grab Jesu muss leer gewesen sein

Kompetenzschwerpunkte: *Kommunikativ und kognitiv:* Sich in der Gruppe auf eine Kernthese verständigen und die Wahl in Ansätzen begründen (A), alle Thesen in ihren Einschränkungen verstehen und sich begründet auf eine Kernthese einigen (B), gemeinsam eine Kernthese entwickeln, die sowohl den formalen als auch den inhaltlichen Aspekt beinhaltet und daher passender ist als die vier Thesen, die zur Wahl stehen (C).

Planung: Die Schüler bestimmen in Gruppenarbeit eine Kernthese des Textes von Ulrich Wilckens, emeritierter Professor für Neues Testament und Altbischof der Nordelbischen Ev.-Luth. Kirche. Vier Thesen sind zur Wahl angeboten, die jedoch immer nur Teilaspekte benennen. Die Gruppen können auch eine eigene Kernthese formulieren. Die Schüler sind gezwungen, sich zur Lösung der Aufgabe intensiv mit dem Text auseinanderzusetzen, da sie die Wahl ihrer These begründen müssen.

Erwartungshorizont: Wilckens fasst das leere Grab als Faktum auf. Nach seinem Verständnis haben die Zeugnisse der frühen Glaubenszeugen enorme Bedeutung für den eigenen Glauben. Seine Argumentation verbindet den formalen Aspekt, dass der Glaube nicht herstellbar ist und daher auf das Zeugnis von außen angewiesen bleibt (Thesen 2 und 4), mit dem inhaltlichen Aspekt der Schöpfermacht Gottes (Thesen 1 und 3). These 3 betont einen Unterschied zwischen Juden und Christen, den Wilckens eher verwischt. Dies ist ein möglicher Grund, diese These nicht zu wählen. Zentral in Wilckens Text ist: „Ich darf den Zeugen glauben. Ihre Erfahrung mit dem leeren Grab bestätigt meinen Glauben an die Schöpfermacht Gottes." Das wäre zugleich auch ein Beispiel für eine gelungene Verbindung der Thesen 2 und 3.

M 25 Ingolf U. Dalferth: Das Grab Jesu kann auch voll geblieben sein

Kompetenzschwerpunkte: *Kommunikativ und personal-sozial:* Sich auf die ungewohnte Fragestellung einlassen und eine eigene Antwort formulieren (A), sich aktiv im Gruppenprozess um eine Begründung der eigenen These bemühen und mit den Mitschülern darüber ins Gespräch kommen (B), Thesen und Gegenthesen konstruktiv aufeinander beziehen, sie diskursiv reflektieren und so zu einer eigenen begründeten Meinung kommen (C).
Kognitiv und existenziell-religiös: Die Argumentation Dalferths nachvollziehen und die eigene religiöse Orientierung damit konfrontieren (A), die Argumentationsstrategie durchschauen und für die Begründung der eigenen religiösen Orientierung nutzen (B), die Strategie kritisch reflektieren und die eigene religiöse Orientierung im Dialog mit der Argumentation Dalferths im Sinne eines reflektierten Bewusstseins von der Auferstehung als Glaubensgeheimnis präzisieren (C).

Planung: M 25a: Aufgabe 1 fordert auf, die Frage mit besonderer Beachtung der eigenen Gefühle zu beantworten, Aufgabe 2 gibt dazu in der Formulierung zweier möglicher Antworten als Thesen A und B eine Hilfe (Einzelarbeit). Anschließend bilden sich nach Zustimmung zu den Thesen Kleingruppen, die Gründe für ihre These finden (Aufgabe 3), aber auch Gründe für die Gegenthese in Aufgabe 4 zur Vorbereitung auf M 25b.

M 25b: Aufgabe 1 vergegenwärtigt die Argumentation Dalferths zur Begründung von These C, welche die Schüler in eigenen Worten formulieren. In Aufgabe 2 nehmen die Schüler zu der These Stellung, indem sie etwa Prämisse 3 problematisieren. Mögliche Impulsfragen sind: Gehört zur Bestätigung des Totseins Jesu die Verwesung seines Leichnams notwendig hinzu? Ist unsere Auferstehungshoffnung wirklich hinfällig, wenn Gott den Leichnam Jesu vor seiner Verwesung bewahrt hat? Aufgabe 3 verhilft dazu, den Status der Argumentation Dalferths richtig einzuordnen. Die Option, dass der Leichnam Jesu verwest sein kann, wird offengelassen. Es braucht keinen theologischen Nachweis, dass er verwest sein muss.
Beide Texte können auch als Klausuraufgabe gestellt werden. Die Aufgaben zu M 25a würden entfallen und zu den Aufgaben M 25b könnte als weiterer Auftrag hinzukommen, die im Unterricht erarbeitete Position von Wilckens darzustellen und sie der Position Dalferths entgegenzusetzen.

Erwartungshorizont: M 25a: Die Schüler erfassen die Sinnspitze der Frage von Dalferth: Ist es nur dann sinnvoll, von Jesu Auferstehung zu reden, wenn sein Grab in dem Sinne leer war, dass sein Körper nicht verwest ist? Die drastische Frage treibt die Diskussion um die Faktizität des leeren Grabes auf die Spitze. These A: Auferstehung hat nur Sinn, wenn Jesus nicht verwest ist. These B: Auferstehung hat auch Sinn, wenn Jesu verwest wäre. Das theologische Nachdenken muss sich der Problematik des leeren Grabes in aller Schärfe stellen und darf auch unappetitlichen Fragen nicht ausweichen.
M 25b: Zur Begründung von These C (Auferstehung hat gerade dann Sinn, wenn Jesus verwest ist.) kann wie folgt argumentiert werden:

1. Auferstehung heißt nicht, Jesu Leib wurde wiederbelebt (Bsp. Lazarus), sondern Jesus ist leibhaft zu Gott erhöht worden.
2. Die Auferstehung Jesu hat Sinn nur durch Hoffnung auf die Auferstehung aller Toten.
3. Das Totsein schließt Verwesung ein.
4. Die Auferstehung aller darf sich nicht grundsätzlich von der Auferstehung Jesu unterscheiden, sonst hat sie keine Heilsbedeutung für uns.

Daraus folgt: Wenn der Leichnam Jesu nicht ebenso verwest sein könnte wie unser aller Leichname verwesen, dann kann seine Auferstehung nicht Grund unserer Auferstehungshoffnung sein.
Dalferth begründet theologisch in der Abgrenzung zum Doketismus, warum es nötig ist, eine mögliche Verwesung des Leichnams Jesu nicht auszuschließen, er legt sich aber nicht darauf fest, dass der Leichnam tatsächlich verwest sein muss. Es gibt gute theologische Gründe für das Verwestsein des Leichnams Jesu, weshalb Auferstehungsglaube und naturwissenschaftlich aufgeklärtes Weltverständnis sich nicht widersprechen müssen. Gleichwohl bleibt die Frage, ob Jesu Leichnam verwest ist oder nicht, letztlich unlösbar. Durch die Argumentation Dalferths kann der Charakter der Auferstehung als Geheimnis des Glaubens bewusster werden. Nichts darf ausgeschlossen werden, weder, dass der Leichnam verwest ist, noch, dass er nicht verwest ist.

M 26 Die Auferstehungsbotschaft nach Matthäus – Vervollständigung des synoptischen Vergleichs

Kompetenzschwerpunkte: *Kognitiv und methodisch-kreativ:* Grundzüge der durch den synoptischen Vergleich herausgestellten Unterschiede wiedergeben und die Grabwächterlegende als polemische Posse verstehen (A), die fünf intensiv herausgearbeiteten Unterschiede zwischen Matthäus und den anderen beiden Synoptikern erklären und die Interpretation der Grabwächterlegende als Ätiologie des Leichenraubgerüchts darstellen (B), den synoptischen Vergleich im Detail durchführen und Gemeinsamkeiten sowie Unterschiede innerhalb der Leeren-Grab-Überlieferung im Einzelnen historisch und hermeneutisch begründen sowie die wissenschaftlichen Ergebnisse für das Verständnis der eigenen religiösen Orientierung nutzen (C).

Planung: Die Schüler stellen einen synoptischen Vergleich, verkürzt auf die entscheidenden fünf Punkte (M 26) an und vertiefen die Lernziele von M 20. Durch eventuelle Vorgabe der zu erarbeitenden Vergleichsaspekte ist eine Binnendifferenzierung möglich. Die Schüler können den Text Mt 27, 62–66; 28; 1–20 in ihrer Schulbibel finden oder der Lehrer gestaltet selbst ein Arbeitsblatt mit diesem Text.
Die erste Aufgabe erfordert eine Wahrnehmung der Unterschiede, die zweite Aufgabe sucht Erklärungen, die durch ein Bedenken der die Leere-Grab-Geschichte einrahmenden Grabwächterlegende gefunden

werden können. Die zentralen Unterschiede beziehen sich 1. auf den Zweck des Grabbesuchs (Warum könnte Matthäus die Sorge um die Salbung des Leichnams weggelassen haben?), 2. den Auftritt des Engels (Warum inszeniert Matthäus dieses spektakuläre Auftreten des Engels?), 3. die Anwesenheit der Grabwachen (Warum hat Matthäus die Geschichte um die Grabwachen eingefügt?), 4. die Erscheinung Jesu vor den Frauen (Warum ist Mt 28,9f. eingefügt, wo Jesus doch inhaltlich keine neuen Informationen bringt, sondern lediglich die Engelbotschaft durch sein Erscheinen und sein Wiederholen des Auftrags bestätigt?) und 5. auf die Reaktion der Jünger (Warum ist diese Reaktion bei den drei Synoptikern so verschieden?). Fragen des Lehrers können Impulse zur Lösung von Aufgabe 3, der Interpretation der Grabwächterlegende, geben: Wie bewerten Sie es, dass die Hohepriester und Pharisäer in Mt 27,62 gerade am Sabbat zu Pilatus eilen, wo sie doch sonst so auf die Einhaltung der Sabbatruhe pochen? Was ist davon zu halten, dass sie in Mt 27,63 die Leidensankündigungen Jesu zitieren (Mt 16,21; 17,23; 20,19), die Jesus nur im engsten Jüngerkreis ausspricht? Wie wirkt es, wenn sie in Mt 27,64 Pilatus vor einem Betrug der Jesusjünger warnen und in Mt 28,12f. die Wachen mit viel Geld zum Betrug verführen? Was halten Sie von der Falschaussage, die sie in Mt 28,13 den Wächtern vorgeben („Erzählt den Leuten: Seine Jünger sind bei Nacht gekommen und haben ihn gestohlen, während wir schliefen.")? Nicht ohne ironischen Unterton übergibt Pilatus in Mt 27,65 die Wache und damit die Verantwortung für das Grab den Pharisäern und Hohepriestern („Geht und sichert das Grab, so gut ihr könnt."). Denn was können die Pharisäer und Hohepriester denn schon bewirken? Ihr Versiegeln des Steins und das Aufstellen der Wache erscheinen angesichts der göttlichen Macht, wie sie im Auftritt des Engels zum Ausdruck kommt, als kindische Kinkerlitzchen. Matthäus karikiert auf diese Weise die Pharisäer und Hohepriester, deren Selbstüberschätzung sich auch in Mt 28,14 zeigt, als wären sie in der Lage, die Wächter vor einer Bestrafung durch den Statthalter zu schützen. Der hatte die Verantwortung für das Grab der jüdischen Obrigkeit übergeben, die ihm mit ihrem religiösen Jesus-Fimmel wohl eher auf die Nerven ging. Er hatte in Matthäus 27,24 Jesus zuvor schon nur auf ihr Drängen gegen seine Intuition verurteilt und in Matthäus 27,58 den Leichnam auf die Bitte des Josef von Arimathäa sofort herausgegeben. Im Grunde scheint es ihm egal zu sein, was mit dem Leichnam des Gekreuzigten geschieht, solange er seine Ruhe hat. Dazu passt es, dass er den Hohepriestern und Pharisäern auch sofort die erbetene Wache überstellt, damit sie nur schnell wieder gehen, wozu er sie auch direkt auffordert (Mt 27,65).
Indem die Schüler die komischen Züge der die Auferstehungsbotschaft rahmenden Grabwachenerzählung herausarbeiten, werden sie wie die matthäische Gemeinde ihren legendarischen Charakter erkennen. Matthäus kontrastiert auf diese Weise scharf die Versuche der jüdischen Obrigkeit, die Entstehung des Christentums zu verhindern, indem sie die göttliche Macht leugnet, neues Leben aus dem Tod zu erschaffen. Eine antijudaistische Rezeption der Grabwachenerzählung, die historisch viel Unheil angerichtet hat, kann wohl am besten dadurch verhindert werden, dass die Schüler einen kabarettistischen Zugang zu der Geschichte gewinnen. Sie ist eine komische Posse, die das Gerücht vom Leichenraub mit Witz und Ironie aufs Korn nimmt und dabei auch polemisch jene Teile der jüdischen Obrigkeit karikiert, die dazu beigetragen haben, dass Jesus gekreuzigt wurde. Im Angesicht des Glaubens an den Auferstandenen kann aber Matthäus hier kein böswilliger Antijudaismus unterstellt werden.

Erwartungshorizont:

1. Während bei Markus und Lukas der Besuch der Frauen am Grab einen konkreten Zweck hat, nämlich den Leichnam Jesu zu salben, kommen die beiden Marias, die in Mt 27,61 die Grablegung Jesu beobachtet haben, in Mt 28,1 einfach so zum Grab, nur um nach ihm zu sehen. Weil die Salbung entfällt, brauchen sie sich auch nicht wie bei Markus darum zu sorgen, wer den Stein wegwälzt.
2. Während bei Markus und Lukas die Boten den Frauen erst im bereits geöffneten Grab begegnen, erleben die Frauen bei Matthäus einen filmreifen Auftritt des Engels. Begleitet von Ton- (Erdbeben) und Lichteffekten („leuchtete wie ein Blitz") steigt er vom Himmel herab, wälzt den Stein weg und setzt sich darauf, bevor er sein äußerst berechtigtes „Fürchtet euch nicht" (die Grabwachen sind aus Furcht vor diesem 'Superman' bereits in Ohnmacht gefallen) zu den Frauen spricht.
3. Die Geschichte um die Grabwächter ist Sondergut des Matthäus. Mit der Einfügung der Grabwachen können die Schüler erklären, warum die Frauen keine Salben zum Grab bringen. Weil sie wissen, dass das Grab bewacht wird und sie es nicht betreten können, ist das Vorhaben der Salbung von vornherein sinnlos. Auch der beeindruckende Engelauftritt kann mit der Anwesenheit der Grabwachen erklärt werden. Sie sind zu überwältigen, damit der Engel den Frauen in Ruhe die Osterbotschaft verkündigen kann. Zugleich weist Matthäus dadurch darauf hin, dass nur jene die Auferstehungsbotschaft empfangen können, die aufgrund ihrer Kenntnis der Person Jesu dazu in der Lage sind, sie auch zu verstehen.

Matthäus dürfte die Grabwächterlegende eingefügt haben, um den Vorwurf des Leichenraubs zu entkräften. Bei Lukas geschieht dies durch Petri Auffinden der Leinenbinden. Ein Dieb hätte sich nicht die Mühe gemacht, den Körper auszuwickeln. Matthäus schreibt den Ursprung dieses Vorwurfs der jüdischen Obrigkeit zu, die den Judenchristen feindlich gesinnt war.

4. Dass Jesus den Frauen auf ihrem Weg zu den Jüngern erscheint und den Auftrag des Boten wiederholt, wirkt zunächst wie eine unnötige Dublette. Sinn der Erscheinung Jesu vor den Frauen in Matthäus 28,9f. ist eine Belohnung für ihre Treue, indem Jesus ihnen als Ersten persönlich erscheint.
5. Bei Markus kann es zu einer Reaktion der Jünger auf die Botschaft gar nicht erst kommen, weil die Frauen die Botschaft vom leeren Grab verschweigen. Bei Lukas halten die Jünger die Botschaft der Frauen für Geschwätz. Die Rückkehr der Jünger nach Galiläa bei Matthäus setzt voraus, dass die Jünger die Botschaft der Frauen vernommen und ihr geglaubt haben. Anlässlich seiner Erscheinung auf dem Berg in Galiläa gibt Jesus den Jüngern den Auftrag zur Taufe und zur Verkündigung. Auffällig ist hier, dass nur die elf Jünger – und damit nur Männer – anwesend sind. Der Verkündigungsauftrag kann in einer patriarchalen Gesellschaft, in der das Zeugnis der Frauen nichts gilt, auch nur an die Männer ergehen (vgl. Reaktion der Jünger auf die Botschaft der Frauen bei Lukas).

M 27 Die Leere-Grab-Tradition bei Johannes

Kompetenzschwerpunkte: *Kognitiv und methodisch-kreativ:* Den Textzusammenhang erfassen (A), ihn analytisch begründen (B) und in seiner psychologischen Genauigkeit bewusst wahrnehmen, diskursiv erörtern und wertschätzen (C);
Methodisch-kreativ, personal-sozial und religionspädagogisch: Im geforderten Dialog über die Ergebnisse der kreativen Textarbeit den eigenen Zugang wahrnehmen (A), ihn in der Rekonstruktion der Arbeit eigenständig reflektieren (B), ihn konstruktiv mit den Zugängen der anderen verbinden und ihn darüber gegebenenfalls transformieren (C).

Planung der Bildbetrachtung: Zum Einstieg eignet sich das Bild von Sieger Köder: „Maria Magdalena vor dem leeren Grab" (im Internet aufrufbar).
Bildbeschreibung: Im Vordergrund kniet eine Frau mit einem roten Gewand vor einem geöffneten Grab. Sie wendet in einer extremen Drehung des Kopfes ihr Gesicht mit geöffneten Augen und offenem Mund nach hinten – auch die Öffnungen der Ohren und der Nase sind hervorgehoben – dem Betrachter zu, der sie aus leichter Vogelperspektive anblickt. Ihre rechte Hand auf dem Grabstein mit der Aufschrift „JESUS NAZARENI" stützt mit durchgestrecktem Arm den Oberkörper, während ihr linker Ellenbogen in einer anatomisch unmöglichen Haltung ihre linke Stirnhälfte verbirgt. Der zurückgedrehte Kopf im Zentrum des Bildes wird durch die Armbeuge gehalten. Die linke Handfläche ist wie das Gesicht zum Betrachter geöffnet, in Fortführung der vom rechten Arm ausgehenden, von links unten nach rechts oben führenden Diagonale, die mit der Diagonalen aus Rücken, Haar und hinter dem Gesicht verborgenem linken Oberarm ein Andreaskreuz bilden. Die Haltung der Hände spiegelt sich in den nackten Fußsohlen wider, die unter dem Gewand hervorlugen und ein liegendes T-Kreuz formen. Die Diagonale des Frauenrückens wird links direkt verstärkt durch eine Reihe dreier Grabsteine, deren unterster zerbrochen ist und in hebräischen Lettern den Namen „Eva" erkennen lässt. Parallel zur anderen Diagonale liegt ein weiterer zerbrochener Grabstein mit den hebräischen Lettern für „Adam", der zusammen mit den beiden Armen der Frau und dem Grabstein Jesu vorne links das geöffnete Loch des leeren Grabes rahmt. Auf Augenhöhe des Betrachters lässt die Friedhofsmauer durch einen v-förmigen Spalt das Licht des Abend- oder Morgenrotes durchscheinen, das auch über der horizontalen Mauer rot leuchtet und nach oben hin in einen orangefarbenen und blauen Himmel übergeht. Die Form der Friedhofsmauer rechts und links neben dem Spalt ähnelt den offenen Augenhöhlen eines Schädelskeletts, das unten durch das Gebiss abgeschlossen wird. Zahlreiche Rosenbüsche mit roten Rosenblüten mildern den Ausdruck der Kälte in der chaotischen Ansammlung grauer Grabsteine. Zwei schräg nach vorn stehende Holzkreuze am rechten Bildrand über dem Grabstein Adams passen nicht zu der sonstigen Friedhofsausstattung. Das vordere Kreuz ist glatt gehobelt, während die Form des hinteren Kreuzes nach oben mit dem Himmel zu verschwimmen scheint. Diffus ist das Licht, das sowohl von hinten im Horizont der auf- oder untergehenden Sonne erstrahlt, als auch vom Betrachter her die Gestalt der Frau und das linke Holzkreuz von vorne beleuchtet, während das rechte Holzkreuz eher von hinten angestrahlt wird.

Methodischer Umgang mit dem Bild: Lassen Sie den Titel zunächst weg.

A) Beschreibung und Deutung des Bildes in fünf Schritten (nach Günter Lange[6])

1. Spazieren gehen im Bild: Schüler schildern spontan, was sie im Bild sehen (noch ungeordnet, erster Austausch von Eindrücken und Vermutungen; Dominanz der Innenorientierung)
2. Struktur der Bildfläche (s. o. Bildbeschreibung: Dominanz der Außenorientierung)
3. Gefühle, die das Bild auslöst (Ablehnung, Zustimmung, Neugierde etc.; Innenkonzentration)
4. Bedeutung des Bildes (Thema und Funktion: Wer ist die Frau? Was erfährt sie gerade? Wo? Wann? Für wen ist das Bild gemalt? Wann? usw.; Außenkonzentration)
5. Persönliche Bedeutung des Bildes: Können sich die Schüler mit der Frau identifizieren? Warum oder warum nicht? Lassen sie sich verstricken in die dargestellte Situation? Wer würde das Bild im eigenen Zimmer aufhängen? Warum, warum nicht? usw.; Innenkonzentration).

Die fünf Schritte dienen der Verlangsamung der ästhetischen Bildwahrnehmung. Natürlich wird es Überschneidungen geben. Sie sollten darauf achten, dass …

a) das Bild genau beschrieben wird, damit es später eine breite Deutungsbasis gibt (Schritt 2),
b) zwischen Beschreibung (Schritte 1 und 2) und Deutung (Schritte 3–5) unterschieden wird, wobei Schritt 1 deutende Elemente enthalten darf,
c) sowohl Innen- wie auch Außenorientierung beachtet werden und durch den Wechsel der Impulse in eine fruchtbare Balance geraten.

B) Arbeitsauftrag zur Vertiefung des 5. Schrittes: Versuchen Sie, die Haltung der Frau im Bild mit Ihrem Körper nachzustellen. Was kommt für Sie in der Körperhaltung zum Ausdruck? Warum verhält sich die Frau so merkwürdig? Was könnte sie sehen?

Erwartungshorizont für die Bildinterpretation: Maria aus Magdala erkennt im vermeintlichen Gärtner den auferstandenen Jesus. Der Körper und die rechte Hand sind noch dem Grab zugewendet, das Gesicht in einem Ausdruck der Frage aber schon dieser neuen Wirklichkeit. Diese nicht fassbare Offenbarungserfahrung beansprucht alle ihre Sinne (offene Augen, Mund, Ohren, Nase, linke Hand) und verlangt ihrem Körper eine anatomisch ‚unfassbare' Haltung ab. So wird die Situation zwischen Trauer und neuer Hoffnung ästhetisch zum Ausdruck gebracht und auf die eschatologische Auferstehungshoffnung bezogen. Die Friedhofsmauer ist durchbrochen, die Grabsteine von Adam und Eva ebenfalls (Anklänge an die orthodoxe Tradition der Anastasis-Ikone: Jesus führt die Stammeltern aus dem Grab heraus). Gott hat in Jesus Christus seine Macht über den Tod gezeigt. Das Licht des Lebens geht von ihm aus. Er erleuchtet Maria Magdalenas Gesicht, ihr rotes Gewand und die Rosen, die Schönheit und Schmerz (Dornen) symbolisieren. Von hinten erstrahlt das Morgenrot in derselben Farbe und beleuchtet den neuen Tag der göttlichen Schöpfung: den achten Tag der Auferstehung des Herrn. Die Holzkreuze in ihrer unterschiedlichen Gestaltung und Beleuchtung sind bedeutungsoffen. Stehen sie für die beiden Schächer, die mit Jesus gekreuzigt wurden, oder für vielfältige Leiden der Menschen insgesamt – oder etwas anderes? Die Schüler können sich mit der fragenden Haltung Maria Magdalenas identifizieren. Die Auferstehung bleibt ein Geheimnis, das widersprüchliche Gefühle wie Trauer und Freude miteinander verbindet. Es lädt zu staunendem Schauen ein, so wie das Bild den Blick einlädt, bei ihm zu verweilen.
Nach der Erarbeitung der dem Bild zugrunde liegenden johanneischen Perikope (M 27), kann – eventuell in einer Hausaufgabe – noch einmal auf das Bild zurückgekommen werden: Was nehmen die Schüler aufgrund der Textkenntnis und der kreativen Arbeit am Text nun noch zusätzlich in dem Bild wahr? Wie hat die Beschäftigung mit dem Bild auch die Textarbeit mitgeprägt?

Planung der Textarbeit: Das Textpuzzle (M 27a) stellt die Einleitung (V. 11 f.), die Teile des Dialogs (V. 12–17) und den Schluss der Perikope (V. 18) in falscher Reihenfolge zum Ausschneiden und Neuanordnen zusammen. Die richtige Zusammensetzung in Partnerarbeit erfordert eine genaue Textwahrnehmung (Wer spricht? Welche Fragen passen zu welchen Antworten? Welche Reaktionen zu welchen Aussagen?) und bewirkt so eine genaue Textkenntnis. Durch die Lösung der Aufgabe und den Vergleich im Plenum wird den Schülern die Qualität des psychologisch stimmigen und sorgfältig ausgeführten Dialogs im Ansatz bewusst. Dieses Bewusstsein wird vertieft und reflektiert durch die kreative Arbeit mit dem Text (M 27b). Hierbei können sich die Schüler entweder je einen der fünf Arbeitsaufträge auswählen oder der Lehrer teilt die Schüler in fünf Gruppen ein. Selbstverständlich können auch alle Schüler alle Texte schreiben. Hier ist eine Binnendifferenzierung möglich. Die Standbilder A (s. o. M 10) ermöglichen eine körperhafte Erfahrung der Beziehungsqualität zwischen Jesus und Maria

6 Günter Lange: Kunst zur Bibel. 32 Bildinterpretationen. München 1988.

Magdalena. Die enge Anlehnung an den Text in der Gattung des inneren Monologes aus der Perspektive Marias erfordert in ihrer zeitlichen Unmittelbarkeit die Orientierung an erlebnisbezogener Gefühlswelt (B 1). Dagegen verlangt die Berichtsform eine Distanzierung (B 2), die dem persönlichen Geschehen ebenso wenig gerecht zu werden vermag wie die distanzierte Perspektive des echten Gärtners (C 2). Der Tagebucheintrag Maria Magdalenas (C 1) erlaubt zwar im Vergleich zum inneren Monolog eine größere Distanz zu dem Geschehen durch Reflexion des Erlebten, bleibt aber an ihre im Johannesevangelium authentisch tradierte persönliche Offenbarungserfahrung gebunden.

Erwartungshorizont für die Textarbeit: Im Gegensatz zu den Synoptikern, die die Sphäre des Todes bewusst von der Sphäre des neuen Lebens trennen, tritt der auferstandene Jesus im Johannesevangelium direkt am leeren Grab auf und erscheint dort Maria Magdalena, die zur Erstzeugin und zur Apostolin der Apostel wird, indem sie den Auftrag Jesu erfüllt, den Jüngern zu verkünden, dass er lebe und zu seinem Vater hinaufgehe (V. 17 f.). Ähnlich wie im Matthäusevangelium die Frauen zunächst die Botschaft der Engel hören und später auf dem Weg zu den Jüngern Jesus selbst zu ihnen spricht, sind die Gesprächspartner Maria Magdalenas zunächst zwei Engel (wie bei Markus; bei Lukas und Matthäus nur ein Engel) und danach Jesus selbst. Im Unterschied zu den Synoptikern, wo die Frauen passiv Empfängerin der Engels- bzw. Jesusworte sind, kommt hier Maria Magdalena selbst zu Wort. Nachdem die Engel sie nach dem Grund ihrer Tränen gefragt haben und sie geantwortet hat (V. 13), wendet sie sich erstaunlicherweise um, anstatt die Reaktion der beiden Engel abzuwarten, die im Grab doch am ehesten wissen müssten, wohin der Leichnam Jesu gebracht wurde (V. 14). Vielleicht hat sie hinter sich ein Geräusch gehört. Sie erblickt in der Tat Jesus, der die Frage der Engel wiederholt und präzisiert, hält ihn aber für den Gärtner und fragt ihn, wohin er Jesus gelegt habe (V. 15). Darauf spricht Jesus sie mit ihrem Namen an, woraufhin sie sich ihm ganz zuwendet, ihn erkennt und mit „Rabbuni" anredet (V. 16). Jesus verbietet ihr, ihn festzuhalten, da er noch nicht zum Vater gegangen sei, und trägt ihr auf, den Jüngern dies zu verkünden und dass er zu seinem und ihrem Vater hinaufsteigen wird (V. 17), was Maria Magdalena auch tut (V. 18). Jesus und Maria Magdalena haben eine enge persönliche Beziehung zueinander entwickelt, die sowohl in der Trauer Maria Magdalenas als auch in ihrer Freude durch das wechselseitige Erkennen im Nennen der Namen transparent wird, ohne jedoch die zentrale Rollendifferenz (Schülerin – Lehrer) zu verschweigen. Die besondere Bedeutung der Schülerin Maria Magdalena wird betont, indem Jesus sie zur Erstzeugin erwählt. Durch seinen Auftrag schließt Jesus alle Jünger in seine Gottesbeziehung ein, die den Beziehungen unter den Menschen vorgeordnet ist. Wenn er zum Vater geht, können und dürfen ihn die Menschen nicht festhalten (Notwendigkeit der Himmelfahrt; s. o. M 16). Gleichwohl kann sie sich in seiner Beziehung zu Gott, der auch ihr Gott ist, aufgehoben wissen (Versprechen der Kraft von oben, der Sendung des Geistes, s. o. M 15).

M 28 Ingrid Scholz: Das leere Grab als Symbol der Zukunft bei Gott

Kompetenzschwerpunkte: *Kognitiv, kommunikativ und personal-sozial:* Die Bedeutung der Trauer auch um tot geborene Babys diskutieren und in Grundzügen den Zusammenhang von Auferstehungshoffnung und Trauerarbeit erfassen (A), das Symbol des leeren Grabes als Kontrastsymbol zur Notwendigkeit eines Ortes für Trauer verstehen (um den personalen Beziehungsgeschichten zwischen Lebenden und Toten gerecht zu werden und Auferstehungshoffnung praktisch zu leben) (B), eigene Trauererfahrungen mit der im Text beschriebenen Erfahrung von Anja und Nick verbinden und sie mithilfe der von Scholz beschriebenen Hoffnung auf leibliche Auferweckung in Zustimmung und Widerspruch reflektieren (C).

Planung: Aufgrund des lebensnahen Praxisbeispiels lassen sich die Arbeitsaufträge nach gemeinsamer Lektüre und Begriffsklärung gut in Gruppenarbeit bearbeiten. Begriffsklärung:

„Realsymbol" (Z. 30) meint hier, dass der Mensch ohne die Realität seines Leibes nicht fähig wäre, „mit anderen zu kommunizieren und Geschichte in sich zu sammeln", der Mensch ist nur Mensch als Leib (vgl. Z. 28–34).

„Transzendieren" (Z. 39 f.) ist an dieser Stelle schwer zu verstehen. Es meint vermutlich, der Auferstehungshoffnung in einer anderen Form – durch die Trauerrituale – einen Ausdruck zu geben. Durch sie wird die (theoretische) Hoffnung „überstiegen" bzw. konkretisiert im praktischen Tun.

Aufgabe 1 veranlasst die Schüler zur Diskussion der Empfehlung des Arztes, das tot geborene Baby als Kind anzunehmen und ihm einen Namen zu geben, es zu waschen, es anzukleiden, es zu beerdigen, die Trauer zuzulassen etc. Aufgabe 2 erfordert es, den Zusammenhang zwischen Trauerarbeit und Auferstehungshoffnung wahrzunehmen. Durch Aufgabe 3 sollen die Schüler erfassen, dass Scholz das Symbol des leeren Grabes im Kontrast zur Notwendigkeit des vollen Grabes tot geborener Kinder versteht. Wenn deren Gräber leer bleiben, führt das zu psychischen Schäden der Eltern, die keinen Ort für ihre Trauer haben. Da das Thema starke Emotionen bei Schülern hervorrufen kann, die etwa tot geborene Geschwister haben, ist auf eine sensible Gesprächsführung zu achten.

In starken Gruppen kann der Text auch als Grundlage einer Klausur dienen, es sollte dann noch eine reproduktive Aufgabe hinzutreten, die das Konzept eines Evangelisten (Grundkurs) bzw. einen Überblick über die unterschiedlichen Konzepte aller Evangelisten (Leistungskurs) darzustellen verlangt.

Erwartungshorizont: Am Beispiel der Trauer um ein tot geborenes Baby erläutert Ingrid Scholz zwei zentrale Aspekte: 1. Die Hoffnung auf Auferweckung des Leibes betrifft den Menschen in seinen Beziehungen. „Auferstehung" bezeichnet somit eine Beziehungswirklichkeit (Z. 28–40). 2. Aus dem Bedürfnis nach einem Ort der Trauer – das tot geborene Baby wird beerdigt (Z. 26) – erscheint das „leere Grab" im Kontrast als Symbol dafür, dass die Trauer um den gekreuzigten Jesus keinen Ort braucht, weil Jesus lebt (Z. 1–8). In Trauerritualen wird die Beziehungsgeschichte mit den Verstorbenen vergegenwärtigt bzw. eine Beziehungsgeschichte zu dem tot geborenen Baby in erinnerungsfähigen Situationen bestätigt. Auferstehungshoffnung vertraut darauf, dass diese Beziehungsgeschichte in Gott aufgehoben ist. Trauerrituale können auch als Ausdruck dieser Hoffnung verstanden werden. Bei Bedarf sind an dieser Stelle auch weiterführende Gespräche und Erfahrungsaustausche darüber möglich, was Trauerfeiern für die Schüler persönlich bedeuten.

Fantasieerzählung

Vor drei Tagen ist ein guter Freund und Klassenkamerad von mir gestorben. Er hatte schon seit drei Jahren an Leukämie gelitten. Nach der letzten Chemotherapie sah eigentlich alles ganz gut aus. So war ich sehr geschockt, als ich die Nachricht seines Todes erhielt. Ich konnte es erst gar nicht glauben und fragte seine Schwester Maria am Telefon, ob er wirklich tot sei. Vor ein paar Monaten hatte ich noch mit ihm wild Fußball gespielt. Unter Tränen teilte sie mir mit, dass die Ärzte alles versucht hätten, aber nichts mehr hätten machen können. Seine Leiche liege in der Friedhofskapelle von St. Goar. Wenn ich von ihm Abschied nehmen wolle, könne ich bei ihrer Familie den Schlüssel bekommen. Aber ich habe mich nicht getraut, dieses Angebot wahrzunehmen. Ich wollte ihn lieber lebendig in Erinnerung behalten.

Heute sollte eigentlich die Beerdigung sein, unsere ganze Klasse hat dafür schulfrei bekommen. Aber gestern Abend rief mich Maria ganz aufgeregt an, sein Leichnam sei aus der Friedhofskapelle verschwunden. Jetzt mache ich mir natürlich Gedanken, was wohl mit ihm passiert ist. Um meine Gedanken zu sortieren, setze ich mich an den Schreibtisch und schreibe eine Fantasiegeschichte darüber, was mit seinem Leichnam geschehen sein könnte. Zuerst überlege ich mir einen Titel ...

Arbeitsauftrag:

Schreiben Sie diese Fantasiegeschichte.

Sie können sich selbst einen Titel überlegen oder einen der folgenden Titel auswählen.

- *Der Leichenraub*
- *Der Traum vom Leben*
- *Der Zaubersarg*
- *Der Plan der Sekte*
- *Die Botschaft des Engels*
- *Die letzte Reise*

Das leere Grab im Lukas- und im Markusevangelium – ein Vergleich

Lk 24,1–12: ____________________

1 Am ersten Tag der Woche gingen die Frauen mit den wohlriechenden Salben, die sie zubereitet hatten, in aller Frühe zum Grab.

2 Da sahen sie, dass der Stein vom Grab weggewälzt war;

3 sie gingen hinein, aber den Leichnam Jesu, des Herrn, fanden sie nicht.

4 Während sie ratlos dastanden, traten zwei Männer in leuchtenden Gewändern zu ihnen.

5 Die Frauen erschraken und blickten zu Boden. Die Männer aber sagten zu ihnen: Was sucht ihr den Lebenden bei den Toten?

6 Er ist nicht hier, sondern er ist auferstanden. Erinnert euch an das, was er zu euch gesagt hat, als er noch in Galiläa war:

7 Der Menschensohn muss den Sündern ausgeliefert und gekreuzigt werden und am dritten Tag auferstehen.

8 Da erinnerten sie sich an seine Worte.

9 Und sie kehrten vom Grab zurück und berichteten alles den Elf und den anderen Jüngern.

10 Es waren Maria Magdalene, Johanna und Maria, die Mutter des Jakobus; auch die übrigen Frauen, die bei ihnen waren, erzählten es den Aposteln.

11 Doch die Apostel hielten das alles für Geschwätz und glaubten ihnen nicht.

12 Petrus aber stand auf und lief zum Grab. Er beugte sich vor, sah aber nur die Leinenbinden. Dann ging er nach Hause, voll Verwunderung über das, was geschehen war.

Mk 16,1–8: ____________________

1 Als der Sabbat vorüber war, kauften Maria aus Magdala, Maria, die Mutter des Jakobus, und Salome wohlriechende Öle, um damit zum Grab zu gehen und Jesus zu salben.

2 Am ersten Tag der Woche kamen sie in aller Frühe zum Grab, als eben die Sonne aufging.

3 Sie sagten zueinander: Wer könnte uns den Stein vom Eingang des Grabes wegwälzen?

4 Doch als sie hinblickten, sahen sie, dass der Stein schon weggewälzt war; er war sehr groß.

5 Sie gingen in das Grab hinein und sahen auf der rechten Seite einen jungen Mann sitzen, der mit einem weißen Gewand bekleidet war; da erschraken sie sehr.

6 Er aber sagt zu ihnen: Erschreckt nicht! Ihr sucht Jesus von Nazaret, den Gekreuzigten. Er ist auferstanden; er ist nicht hier. Seht, da ist die Stelle, wo man ihn hingelegt hatte.

7 Nun aber geht und sagt zu seinen Jüngern, vor allem Petrus: Er geht euch voraus nach Galiläa; dort werdet ihr ihn sehen, wie er es euch gesagt hat.

8 Da verließen sie das Grab und flohen; denn Schrecken und Entsetzen hatte sie gepackt. Und sie sagten niemand etwas davon; denn sie fürchteten sich.

Das leere Grab im Lukas- und im Markusevangelium – ein Vergleich

	Lk 24,1–12	Gemeinsamkeiten	Mk 16,1–8
Zeit		„in aller Frühe" „am ersten Tag der Woche"	„als der Sabbat vorüber war"; „als eben aufging die Sonne"
Personen	Johanna	Maria aus Magdala Maria, Mutter des Jakobus	Salome
auf dem Weg			Ratlosigkeit: Wer hat den Stein weggewälzt?
vor dem Grab		der Stein war weggewälzt	
im Grab	Ratlosigkeit: Sie fanden den Leichnam Jesu nicht		
Bote/n	zwei Männer traten zu ihnen „in leuchtenden Gewändern"		(ein) junger Mann, sitzt zur Rechten, „mit einem weißen Gewand"
Reaktion auf Boten	Gesichter zur Erde	Erschrecken, Furcht	
Reaktion des/r Boten	provozierende Frage: „Was sucht ihr den Lebenden bei den Toten?"		Aufforderung, nicht zu erschrecken
Botschaft	Auftrag, sich zu erinnern an Jesu Ankündigungen in Galiläa über den Leidensweg des Menschensohnes	„er ist auferstanden" Hinweis auf das leere Grab	Auftrag, den Jüngern zu berichten und eine Begegnung mit Jesus in Galiläa – wie von Jesus angekündigt – zu verkünden
Reaktion auf Botschaft des/r Boten	sie erinnern sich (der Auftrag der Boten wird erfüllt) Rückkehr vom Grab Bericht an die Elf und alle übrigen		Flucht vom Grab Zittern und Entsetzen Schweigen aus Furcht (= der Auftrag des Boten wird nicht erfüllt)
Reaktion auf Botschaft der Frauen	die Apostel halten „das alles für Geschwätz", sie glauben den Frauen nicht Petrus geht zum Grab, findet nur noch die Leinenbinden vor und staunt		nicht erforderlich, da Frauen nichts erzählen

Arbeitsaufträge:

1. *Vergleichen Sie die beiden Leere-Grab-Geschichten und füllen Sie die Felder entsprechend aus.*
2. *Formulieren Sie (auf den Linien über den Texten) Überschriften, mit denen Sie die Kernaussage des jeweiligen Textes auf den Punkt bringen.*
3. *Suchen Sie Erklärungen für die Unterschiede. Welche Absichten könnten die Evangelisten verfolgt haben?*

Experiment: Ebenen der Überlieferung

Ursprungstext

Ich kam mit dem Schulzeugnis nach Hause, in dem ein schrecklicher Satz zu lesen war, ein Satz, vor dem mein ganzes Dasein zerbrechen wollte. Ich ging mit diesem Satz große Umwege, wagte mich nicht mit ihm nach Hause, sah immer wieder nach, ob er nicht plötzlich verschwunden war, doch er stand immer da, klar und deutlich.

Als ich schließlich doch nach Hause kam, weil ich nicht die Kühnheit hatte, mich als Schiffsjunge nach Amerika anheuern zu lassen, saß bei meinen Eltern Fritz W. „Was machst du denn für ein betrübtes Gesicht?", rief er mir zu. „Ist es ein schlechtes Zeugnis?", fragte meine Mutter besorgt, und mein Vater blickte mich an, als sehe er alles Unheil der Welt hinter mir aufgetürmt.

Ich reichte das Zeugnis meiner Mutter hin, aber Fritz riss es mir aus der Hand und las es schon und brach in schallendes Gelächter aus. „Nicht versetzt", rief er und schlug sich mit seiner kräftigen Hand auf die Schenkel. „Nicht versetzt", rief er noch einmal, während meine Eltern abwechselnd ihn und mich verstört anstarrten, und zog mich zu sich heran und schlug mir auf die Schultern. „Nicht versetzt, genau wie ich", rief er, „ich bin viermal sitzen geblieben, alle begabten Männer sind in der Schule sitzen geblieben."

Damit war die Todesangst zerstäubt, alle Gefahr vergangen. Aus den verwirrten Gesichtern meiner Eltern konnte sich keine Wut mehr hervorarbeiten, sie konnten mir nichts mehr vorwerfen, da ja Fritz W., dieser tüchtige und erfolgreiche Mann, alle Schuld von mir genommen hatte und mich dazu noch besonderer Ehrung für würdig hielt.

Peter Weiss

Peter Weiss: Abschied von den Eltern © Suhrkamp Verlag Frankfurt am Main 1961.

Experiment: Ebenen der Überlieferung

Gruppe 1: Hören der Geschichte (in der Ich-Perspektive) → mündliche Weitergabe des Ursprungszeugnisses (Ebene A)

Gruppe 2: Hören der Geschichte von Teilnehmern aus Gruppe 1 (in auktorialer Perspektive) → Zeugnis über die Wahrhaftigkeit der Zeugen (Ebene B)

Gruppe 3: Schriftliche Fixierung des von Gruppe 2 Gehörten in mindestens zwei Versionen → literarische Gestaltung von Inhalten aus mündlichen Quellen (Ebene C, Parallele zu Markus und Logienquelle Q)

Gruppe 4: Umgestaltung von zwei schriftlichen Versionen aus Gruppe 3 in eine Version → literarischer Umgang mit schriftlichen Quellen (Ebene C, Parallele zu Matthäus und Lukas)

Vorgehensweise:

1. Ein Schüler oder der Lehrer liest Gruppe 1 (mindestens ein Schüler) vor dem Klassenraum den Ursprungstext vor. Der Schüler bzw. Lehrer kehrt in den Klassenraum zurück, schweigt über das Geschehene und schickt Gruppe 2 vor die Tür.
2. Gruppe 1 erzählt Gruppe 2 vor dem Klassenraum (mindestens zwei Schüler) das Gehörte. Bei mehreren Teilnehmern bilden sich Paare aus Gruppe 1 und Gruppe 2, die sich auf dem Flur so verteilen, dass sie sich gegenseitig nicht hören können. Anschließend kehrt Gruppe 1 in den Klassenraum zurück, schweigt über das Geschehene und schickt Gruppe 3 vor die Tür.
3. Gruppe 2 erzählt Gruppe 3 (mindestens zwei Schüler) in Paaren aus den Gruppen 2 und 3 das von Gruppe 1 Gehörte weiter. Beide Gruppen betreten den Klassenraum und schweigen über das Geschehene.
4. Jeder einzelne Schüler aus Gruppe 3 schreibt nun für sich das Gehörte nieder. So entstehen bei mindestens zwei Schülern mindestens zwei Versionen, die je nach Anzahl von Gruppe 4 kopiert werden.

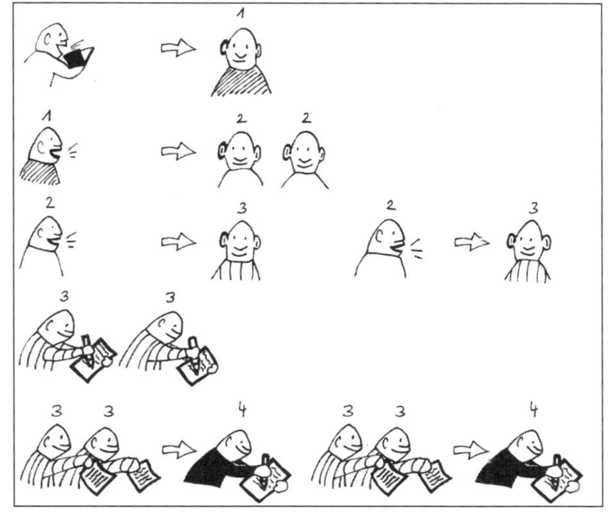

5. Jeder Schüler aus Gruppe 4 (mindestens zwei Schüler) erhält beide schriftliche Versionen aus Gruppe 3 und stellt daraus eine Version zusammen.
6. Zunächst werden nun mindestens zwei Ergebnisse aus Gruppe 4 miteinander verglichen. Anschließend werden diese Texte dem Ursprungstext gegenübergestellt, den der Lehrer vor der gesamten Lerngruppe vorliest. Bei Bedarf können auch die Zwischenversionen aus Gruppe 3 vorgelesen werden.
7. Nun sollte eine Diskussion folgen: Woher kommt die unterschiedliche Darstellung? Worin stimmen trotz der Unterschiede alle Berichte überein? Welche Schilderung ist richtig, welche falsch? Ziel der Diskussion ist, dass die Schüler erkennen, dass die Berichte in der zentralen Aussage übereinstimmen, obwohl sie sich im Detail unterscheiden und sogar widersprechen können. Die unterschiedlichen Gestaltungen setzen je nach Interessen und Intentionen der Verfasser Akzente, sind aber nicht grundsätzlich als wahr oder falsch zu charakterisieren.
8. Überleitung zum Thema: So wie in diesem Experiment ist es auch mit den Berichten in der Bibel über das leere Grab geschehen (s. Zusammenstellung oben). Fassen Sie gemeinsam mit den Schülern das Ergebnis zusammen und gehen Sie nochmals auf die Intentionen von Markus und Lukas bezüglich der Texte, die bereits verglichen wurden, ein.

Unterschiedliche Interessen der Evangelisten – Exegetisches Modell

Vier Ebenen der Tradierung von Ostererzählungen (Modell)

Hintergrund/Rahmung	Erfahrung	*Wirkung/Interesse*
Ebene A: Ursprüngliches Zeugnis der Jünger	**Jesus lebt!**	• *Osterfreude* • *Überwindung der Trauer* • *Verkündigung der Frohen Botschaft*
+ frühjüdische Kultur (alttestamentliche Texte und ihre Interpretation)		
Ebene B: Mündliche Tradierung dieses Zeugnisses	Glaubwürdigkeitder Zeugen	• *Teilhabe an der ursprünglichen Erfahrung* • *Tradierung der wahrhaftigen Authentizität der Zeugen*
+ hellenistische Kultur (platonische Philosophie und antikes Lebensgefühl)		
Ebene C: Schriftliche Fixierung einer Tradition	Begeisterung für Leben und Botschaft Jesu	• *Inkulturation der christlichen Botschaft* • *Teilhabe am christlichen Glauben* • *Literarisch-rhetorisches Interesse*
+ urchristliche Kultur (Gemeindebildung und Feier des Christusglaubens)		
Ebene D: Aufnahme eines Textes in den neutestamentlichen Kanon	Konkurrierende Deutungen, Unsicherheiten	• *Sicherung der Tradition* • *Kirchlich-dogmatisches Interesse*
+ Institutionalisierung der Kirche und systematische Entfaltung der Glaubenslehre		

Unterschiedliche Interessen der Evangelisten – Hintergrund Markus

Hintergründe zum Markustext (Mk 16,1–9)

Für die frühen Christen stand die sie bedrängende Frage im Vordergrund, warum der Messias als Gekreuzigter so leiden und so schmählich sterben musste. Während für unser Empfinden ein Begräbnis eine Zeremonie darstellt, die den Angehörigen in ihrer Trauerarbeit vielleicht ein wenig hilft, indem man den Verstorbenen „ehrenvoll" begleitet, markiert die Grablegung nach altorientalischer und biblischer Anschauung den Eintritt des Toten in die Welt der Scheol [Unterwelt] und ihren Herrschaftsbereich. Das Grab ist der ‚reale Zugangsbereich', durch den die Gestorbenen in das reale Totenreich eingehen. Wer in das Grab gelegt wird, befindet sich von nun an in einem Bereich, der von Gottes helfender Macht geschieden ist.

Wenn man von einem solchen biblischen Verständnis des Grabes als Herrschaftsbereich der Unterwelt ausgeht, dann liest sich die Geschichte vom leeren Grab bei Markus als „geöffnetes Grab". Denn es geht in dieser Ostererzählung nicht nur um die dargestellten äußeren Ereignisse; sie handelt zugleich von der hintergründigen, verborgenen Wirklichkeit des Lebens und des Todes, von der Wirklichkeit Gottes und der Wirklichkeit der vernichtenden Macht der Scheol.

Die letzte Geschichte des Markusevangeliums will im Bild des „geöffneten Grabes" veranschaulichen, was mit der Welt des Todes geschah, als Gott Jesus von den Toten auferweckte. An dem, was sich bei der Ankunft der Frauen am Grab Jesu ereignet, wird ablesbar, was in der durch Pforten und Ziegel verschlossenen Todeswelt selbst geschehen ist. Als Teil der Totenwelt zeigt das geöffnete leere Grab Jesu, wie der Tod selbst verwandelt und seine Kerkerhaft gesprengt worden ist, als Jesus von den Toten auferstand.

Der Gang der Frauen in das durch Gottes Macht geöffnete Grab als Bild der aufgesprengten Pforte des Todes, der den Gekreuzigten nicht mehr im Totenreich festhalten konnte, kann nicht zum Leichnam Jesu, sondern nur in die von Gott durch den Boten verheißene Zukunft führen. Dass die Frauen die Zeichen des neuen Lebens noch nicht verstehen können, wie die Flucht vom Grab und ihr Schweigen verdeutlichen, ist Zeichen ihrer Glaubwürdigkeit. Denn das Geschehene ist so ungeheuerlich, dass es erst verarbeitet werden muss, bevor es weitergesagt werden kann. Doch der Leser der Geschichte „durchschaut" durch die Metaphern die eigentliche Botschaft. Für die Urchristenheit war die Schilderung der Auffindung des geöffneten und leeren Grabes Jesu am Ostermorgen das Fenster, durch das sie in die Tiefe der überwundenen Todeswelt und damit zugleich in die Höhe des auferstandenen Herrn blickte. Markus veranschaulicht in seiner Geschichte vom geöffneten Grab, wie Gott endgültig mit der Auferstehung Jesu die Macht des Todes überwindet. Mit der Auferstehung Jesu aber sollen die Leser an ihre Auferstehungszukunft glauben und aus diesem Glauben leben.

Nach: Göllner/Brieden/Kalloch: Emmaus: Auferstehung heute eröffnen. Elementarisierung – Kompetenzorientierung – Kindertheologie. Berlin 2010, 60–62. Mit Bezug auf: G. Kittel: Befreit aus dem Rachen des Todes. Tod und Todesüberwindung im Alten und Neuen Testament. Göttingen 1999.

Unterschiedliche Interessen der Evangelisten – Hintergrund Lukas

Hintergründe zum Lukastext (Lk 24,1–12)

Lk zeigt ein *deutliches Interesse* am leeren Grab, *fünfmal* weist er explizit auf das Fehlen des Leichnams im Grab hin (vgl. 24,3.6.12.23.24). Was an Zeugen für sein Leersein in Frage kommt, wird aufgeboten – die galiläischen Frauen (V. 10), Petrus, die leitende Autorität der Urgemeinde (V. 12) und die Jünger (V. 24). Am *leeren Grab* als solchem gibt es keinen Zweifel, zu viele können es bezeugen. Bliebe da noch die Frage einer *Verwechslung*. Sie ist klar mit Nein zu beantworten, haben doch die Frauen am Freitagnachmittag gesehen, „wie der Leichnam in das Grab gelegt wurde“ (Lk 23,55). Auch ein *Diebstahl der Leiche* wird durch die von Petrus gefundenen Leinenbinden (vgl. V. 12) ausgeschlossen, nimmt sich doch kein Dieb die Zeit zur Enthüllung eines Toten.
Warum nun aber bringt Lk dem leeren Grab so viel Aufmerksamkeit entgegen? Die Antwort finden wir in seinen Lesern und Gegnern irgendwo in Griechenland oder Kleinasien. Mehrheitlich von der platonischen Philosophie und ihrem dualistischen Menschenbild geprägt, ist für sie der Leib bzw. der Körper negativ besetzt; was am Menschen zählt und eine Chance auf ein Weiterleben über den Tod hinaus hat, ist allein die *Seele*. Demgegenüber betont Lk durch den Nachweis des leeren Grabes die Auferstehung – und hier denkt er ganz biblisch – auch des *Leibes*.

Willibald Bösen, Auferweckt gemäß der Schrift, Das biblische Fundament des Osterglaubens, S. 194
© Verlag Herder GmbH, Freiburg im Breisgau, 2006

Arbeitsauftrag:

Versuchen Sie, die vier Ebenen der Tradierung von Ostererzählungen in Bezug auf die Leeren-Grab-Erzählungen bei Markus und Lukas zu erschließen. Nutzen Sie neben Ihrem synoptischen Vergleich dazu auch die Hintergrundinformationen, die Ihnen die beiden Texte von Göllner/Brieden/Kalloch und Bösen liefern.

Hilfsfragen: Wenn Sie auf die Gemeinsamkeiten zwischen der lukanischen und der markinischen Gestaltung der Leere-Grab-Erzählung blicken: Was könnte die ursprüngliche Erfahrung der Zeugen gewesen sein (Ebene A)? Inwiefern wird in beiden Gestaltungen die Glaubwürdigkeit der Zeugen thematisiert (Ebene B)? Woran wird sichtbar, dass Markus und Lukas unterschiedliche Anfragen an die Jesusgeschichte, die aus der frühjüdischen bzw. hellenistischen Kultur erwachsen, in ihren Gestaltungen verarbeiten (Ebene C)? Weshalb sind wohl beide Varianten trotz ihrer Widersprüche in den Kanon aufgenommen worden (Ebene D)?

Michael Heymel: Auferstehung als Nachfolge Christi – Vertiefung des Vergleichs

Die vier Evangelien bezeugen den Gekreuzigten als den lebendigen Herrn der Jüngergemeinde, der uns in jedem Nächsten begegnen kann. Alle Erscheinungen verweisen zurück auf den irdischen Menschen Jesus und voraus auf die Nachfolge als die Wiederholung seines Weges. So sind die Erscheinungsgeschichten des Auferstandenen Geschichten von der glücklichen Wiederholung des irdischen Jesus, die in der Jüngergemeinde zur Erbauung des Leibes Christi erzählt werden.

Wie die ersten Christen sich selbst in die Geschichte Jesu hineinerzählten, so haben auch wir uns selbst in sie hineinzuerzählen. Denn der Auferstandene ist der Jesus, der mit den Jüngern (den Frauen zuerst!) den Weg des Gekreuzigten noch einmal geht. Darum gilt: In der Nachfolge des Gekreuzigten, im Sich-Hineinerzählen in seine Geschichte kommt der Auferstandene zur Erscheinung.

[Schriftzitat]

Der Glaube an den Auferstandenen „im Sinn des Neuen Testaments“ bedarf folglich nicht des Beweises, dass die Auferstehung Jesu ein historisches und mit den Naturgesetzen vereinbares Geschehen sei. Denn der Auferstandene ist nur zu sehen in der Nachfolge des Gekreuzigten, nirgendwo sonst. Man bekommt den Auferstandenen nur zu Gesicht in einer Kirche, […] die die Leibhaftigkeit und Anschaulichkeit Jesu nicht verleugnet, weil sie, mit der Gegenwart des lebendigen Herrn rechnend, die Schrift Alten und Neuen Testaments in den Lebensverhältnissen der Gemeinde auslegt und darin ihn den Ausleger sein lässt.

Michael Heymel: Die umstrittene Auferstehung Jesu oder Was heißt „im Sinn des Neuen Testaments an den auferstandenen Jesus Christus“ glauben? In: Berliner Theologische Zeitschrift 4 (1987), 37–52.

Arbeitsaufträge:

1. *Welches Schriftzitat aus den Leere-Grab-Geschichten wird Ihrer Meinung nach hier eingefügt? Begründen Sie Ihre Wahl.*
2. *Beschreiben Sie, wie Sie sich eine Gemeinschaft vorstellen, in deren Zusammenleben der Auferstandene erfahren werden kann.*
3. *Finden oder erfinden Sie Beispiele, wie die biblischen Schriften in den Lebensverhältnissen einer Gruppe so ausgelegt werden können, dass der Auferstandene selbst zum Ausleger wird.*

Mögliche Schriftzitate:

1. „Der Menschensohn muss den Sündern ausgeliefert und gekreuzigt werden und am dritten Tag auferstehen.“ (Lk 24,7)
2. „Und sie sagten niemand etwas davon; denn sie fürchteten sich.“ (Mk 16,8)
3. „Was sucht ihr den Lebenden bei den Toten?“ (Lk 24,5)
4. „Er geht euch voraus nach Galiläa; dort werdet ihr ihn sehen, wie er es euch gesagt hat.“ (Mk 16,7)
5. „Erinnert euch an das, was er euch gesagt hat, als er noch in Galiläa war.“ (Lk 24,6)
6. „Jesus ist auferstanden; er ist nicht hier. Seht, da ist die Stelle, wo man ihn hingelegt hatte.“ (Mk 16,6).
7. „Petrus aber stand auf und lief zum Grab. Er beugte sich vor, sah aber nur die Leinenbinden. Dann ging er nach Hause, voll Verwunderung über das, was geschehen war.“ (Lk 24,12)

Ulrich Wilckens: Das Grab Jesu muss leer gewesen sein

Gott ist nur Gott und kann im Ernste nur Gott genannt werden, wenn er wirklich mein Gegenüber ist, von mir verschieden und ebenso für mich da, mein Erretter und mein Helfer, und so auch in mir da ist, als meines Lebens Leben. Ist er aber in diesem Sinne Gott, und mein Glaube wirklich Glaube *an ihn*, Vertrauen zu *ihm*, Liebe zu *ihm*, dann kann nur er selbst sich mir als Gott erweisen. Mein Glaube beruht dann nicht auf meinen eigenen religiösen Fähigkeiten und Findigkeiten, sondern er ist – im strengen Wortsinn – ‚außerhalb meiner selbst' (*extra me*). Und wenn ich mich seiner Wahrheit vergewissern will, habe ich Gott so nachzufragen, wie er (von sich aus) ist und wie er sich erweist und erwiesen hat.

Dann gewinnen allerdings die *Zeugnisse* seines Handelns, auch wenn diese nicht in meinem eigenen Erleben, sondern in dem anderer Christen vor mir begründet sind, *fundamentale Bedeutung* für *meinen* Glauben. Dann werde ich das, was als Erlebnisse bestimmter Menschen am Anfang der Geschichte des Christentums bezeugt ist, nicht bloß als ihr eigenes inneres Erleben, sondern als Widerfahrnisse göttlichen Handelns zu akzeptieren haben – und auch akzeptieren können und wollen. Dann ist es in den überlieferten ‚Erscheinungen' des Auferstandenen der lebendige Jesus selbst, der seinen Jüngern begegnet und sogar seinem Feinde Paulus entgegengetreten ist. [...] Dann kann auch das leere Grab Jesu als Faktum vor meinem historisch-kritischen Blick stehen bleiben. [...] Es bleibt stehen als die irdisch-sichtbare ‚Rand'-Wirklichkeit eines Geschehens, das so ganz und gar die Wirkung endzeitlich schöpferischen Handelns Gottes ist, dass es selbst vom Menschen weder gesehen noch bezeugt, sondern nur durch göttliche Offenbarung verkündigt werden kann. Dann ist schließlich, und darin konzentriert sich dies alles, die bezeugte und verkündigte Auferweckung des gekreuzigten Christus die äußerste und letzte ‚Verdichtung' göttlichen Heilshandelns, mit dem lebendiger Glaube an den Gott Israels von Abraham an immer umgegangen ist und immer wieder neu umzugehen gelernt hat; die äußerste und letzte Radikalisierung des schöpferischen Handelns Gottes, in dem alles, was ist, seine Wirklichkeit hat – des Gottes, wie ihn Juden und Christen bekennen: „der das Nichtseiende ins Sein ruft und Tote zum Leben erweckt."

Ulrich Wilckens, Das leere Grab, In: Pastoraltheologie Jg. 85/1996 © Vendenhoeck & Ruprecht GmbH & Co. KG, Göttingen.

Arbeitsauftrag:

Welche der unten angegebenen Thesen ist für Sie die Kernthese des Textes von Wilckens?

Begründen Sie Ihre Wahl oder formulieren Sie in Ihrer Gruppe gemeinsam eine alternative Kernthese, falls Sie sich nicht auf einen Vorschlag einigen können.

These 1: Das leere Grab ist als Faktum zu betrachten, in dem sich das „schöpferische Handeln Gottes" offenbart. (Z. 15–19)

These 2: Die Auferstehungserfahrungen der frühen Glaubenszeugen haben für den eigenen Glauben „fundamentale Bedeutung". (Z. 9–15)

These 3: „Juden und Christen" bekennen die Schöpfermacht Gottes, die sich für Christen in der Auferstehung Jesu ‚verdichtet'. (Z. 19–25)

These 4: Der Glaube lässt sich nur von Gott her begründen, nicht durch subjektive „Fähigkeiten und Findigkeiten". (Z. 1–8)

Ingolf U. Dalferth: Das Grab Jesu kann auch voll geblieben sein

Das leere Grab ist nicht das, was das christliche Auferweckungsbekenntnis zu erklären oder zu begründen sucht, sondern umgekehrt: *Der Verweis auf das leere Grab soll helfen, das Bekenntnis zur Auferweckung des Gekreuzigten zu begründen, mit dem seinerseits die Jesus-Erscheinungen begründet werden, aber das Bekenntnis zur Auferweckung soll nicht begründen, warum das Grab leer ist.* Das Grab könnte aus ganz anderen Gründen leer sein, die Annahme einer Auferweckung wäre dafür nicht notwendig. Doch wie stünde es im umgekehrten Fall? Wäre es unmöglich, dass Jesus auferweckt wurde, wenn das Grab *nicht* leer wäre? Die Frage ist nicht, ob es *historisch* wahrscheinlich oder unwahrscheinlich gewesen wäre, dass sich der Glaube an Jesu Auferweckung hätte verbreiten und halten können, wenn sein Grab voll und das bekannt gewesen wäre. Die Frage ist vielmehr, ob nur dann *theologisch* vertretbar von Jesu Auferweckung gesprochen werden kann, wenn sein Grab leer ist, ein volles Grab es also unmöglich machte, Jesu Auferweckung zu bekennen? *Ist Jesus nur auferstanden, wenn das Grab leer ist?*

Ingolf U. Dalferth: Volles Grab, leerer Glaube? Zum Streit um die Auferweckung des Gekreuzigten. In: Zeitschrift für Theologie und Kirche 95, 1998. © Mohr Siebeck GmbH & Co. KG

Arbeitsaufträge:

1. *Beantworten Sie für sich die Frage, die Ingolf U. Dalferth stellt. Welche Gefühle haben Sie dabei?*
2. *Zu welcher These neigen Sie?*

   These A: Wäre der Leichnam Jesu im Grab verwest, dann wäre der Glaube an die Auferstehung für mich sinnlos.

   These B: Selbst wenn Jesu Leichnam verwest wäre, hätte der Glaube an die Auferstehung für mich Sinn.
3. *Begründen Sie Ihre Antwort (Aufgabe 1) und ihre Neigung (Aufgabe 2).*
4. *Suchen Sie auch Argumente für die These, der Sie nicht zustimmen.*

Ingolf U. Dalferth: Das Grab Jesu kann auch voll geblieben sein

[Das] christliche Bekenntnis war von Anfang an nicht, dass Jesus in *dieses Leben zurückgekommen* ist und sein Leichnam wiederbelebt wurde, sondern dass er *in Gottes Leben auferweckt* und zur Rechten Gottes erhöht wurde. Dieses Bekenntnis aber wäre nur dann prinzipiell unvereinbar mit einem vollen Grab, wenn die Identität des Auferweckten so am irdischen Leib Jesu hinge, dass Jesus nicht bei und mit Gott leben könnte, wenn sein Leib im Grab [...] verwest wäre.

Doch genau das ist die christliche Hoffnung: dass kein Glaubender, der stirbt und verwest, dadurch davon ausgeschlossen ist, in, durch und mit Gott zu leben. Deshalb argumentiert Paulus völlig zu Recht: „Wenn die Toten nicht auferstehen, ist auch Christus nicht auferstanden" (1. Kor 15,16). Die Auferstehung der Toten aber schließt deren Verwesung nicht aus und hebt sie auch nicht auf, und dasselbe gilt für Jesus Christus. Christus könnte von Paulus nicht als der bekannt werden, der als Erster der Entschlafenen von den Toten auferweckt ist (1. Kor 15,20), wenn er nicht genauso tot gewesen wäre wie die übrigen Entschlafenen – und das schließt die Verwesung des Leibes faktisch ein. Anderes zu behaupten wäre Doketismus und Bestreitung der soteriologischen Relevanz von Jesu Tod und Auferweckung. Denn besteht der Tod, was immer sonst von ihm zu sagen ist, in der völligen Auflösung des Leibes, dann kann von Jesus nicht bekannt werden, dass er unseren Tod gestorben ist und tot war wie wir, wenn das nicht mitgesagt werden könnte.

Kann von ihm aber nicht gesagt werden, dass er unseren Tod gestorben ist, dann kann die christliche Auferstehungshoffnung nicht im Rekurs auf die Auferweckung Jesu Christi begründet werden. Zugespitzt gesagt: *Wäre es unmöglich, dass der auferweckte Gekreuzigte im Grab verwest ist, wäre er kein Grund für die Hoffnung auf unsere Auferweckung in Gottes Leben.* Denn wir werden verwesen, aber wir hoffen auf die Auferweckung.

Der einzige Grund für die christliche Hoffnung auf die Auferweckung in Gottes Leben aber ist Jesus Christus, und der würde diese Hoffnung nicht begründen können, wäre die Situation in seinem Fall prinzipiell anders als in unserem: Wäre die Verwesung seines Leibes ein hinreichender Grund, Gott an seiner Auferweckung zu hindern, dann wäre das auch bei uns so; und ist die Verwesung unseres Leibes kein hinreichender Grund, Gott an unserer Auferweckung zu hindern, dann gilt das erst recht für Jesus.

Ingolf U. Dalferth: Volles Grab, leerer Glaube? Zum Streit um die Auferweckung des Gekreuzigten. In: Zeitschrift für Theologie und Kirche 95, 1998. © Mohr Siebeck GmbH & Co. KG

Arbeitsaufträge:

1. *Ingolf U. Dalferth vertritt These B:* „Selbst wenn Jesu Leichnam verwest wäre, hätte der Glaube an die Auferstehung für mich Sinn" *in einer verschärften Fassung. Schreiben Sie die einzelnen Argumentationsschritte Dalferths auf und formulieren Sie diese These, indem Sie mit ihr die Kernaussage des Textes zusammenfassen.*
2. *Nehmen Sie Stellung zu dieser These.*
3. *Nehmen Sie ebenfalls Stellung zu dem Argument von Dalferth, die Behauptung, Jesu Leichnam könne nicht im Grab verwest sein, wäre* „Doketismus" *(die Lehre, dass Jesus wahrer Gott war, aber nur einen Scheinleib hatte, also nicht wirklich Mensch geworden ist) und* „Bestreitung der soteriologischen Relevanz" *(Bedeutung für unser Heil und unsere Erlösung) von Jesu Tod und Auferweckung.*

Die Auferstehungsbotschaft nach Matthäus – Vervollständigung des synoptischen Vergleichs

	Mt 28,1–10	Mk 16,1–8	Lk 24,1–12
Zweck des Besuchs	nach dem Grab sehen	den Leichnam Jesu salben	den Leichnam Jesu salben
vor dem Grab	gewaltiges Erdbeben Engel fährt vom Himmel herab Engel wälzt den Stein fort	Sorge, wer den Stein wegwälzt der Stein ist weggewälzt	der Stein ist weggewälzt
Reaktion auf Boten	Wachen erbeben vor Schrecken und sind wie tot	Erschrecken, Furcht der Frauen	Erschrecken, Furcht der Frauen Gesichter zur Erde
Jesus erscheint den Frauen	Begrüßung Proskynese Jesus wiederholt den Auftrag des Engels, den Jüngern anzukündigen, sie würden ihn in Galiläa treffen	fehlt	*nicht nötig, da Jesus später allen Jüngern in Jerusalem erscheint (Lk 24,36–53)* *Proskynese: bei Himmelfahrt (Lk 24,52)*
Reaktion auf Botschaft der Frauen	wird nicht mitgeteilt aber vorausgesetzt, da Jünger nach Galiläa eilen Gerücht entsteht, dass Jesu Leichnam von seinen Jüngern geraubt worden sei	fehlt	Apostel halten sie für leeres Geschwätz, sie glauben den Frauen nicht Petrus geht zum Grab, findet nur noch die Leinenbinden vor und staunt

Arbeitsaufträge:

1. *Vergleichen Sie die Leere-Grab-Geschichte nach Matthäus (Mt 28,1–10) mit den Fassungen der anderen beiden Synoptiker in Bezug auf die Aspekte, welche die Tabelle vorgibt.*
2. *Beziehen Sie zur Erklärung der Unterschiede den Rahmen Mt 27,62–66; 28,11–15 und die Erscheinung Jesu in Galiläa 28,16–20 in Ihre Überlegungen mit ein.*
3. *Finden Sie Gründe, warum Matthäus die Berichte um die Grabwachen eingefügt haben könnte.*

Die Leere-Grab-Tradition bei Johannes

3 Da sah sie zwei Engel in weißen Gewändern sitzen, den einen dort, wo der Kopf, den anderen dort, wo die Füße des Leichnams Jesu gelegen hatten.

11 Jesus sagte zu ihr: Halte mich nicht fest; denn ich bin noch nicht zum Vater hinaufgegangen. Geh aber zu meinen Brüdern und sag ihnen: Ich gehe hinauf zu meinem Vater und zu eurem Vater, zu meinem Gott und zu eurem Gott.

1 Maria aber stand draußen vor dem Grab und weinte.

9 Jesus sagte zu ihr: Maria!

5 Sie antwortete ihnen: Man hat meinen Herrn weggenommen und ich weiß nicht, wohin man ihn gelegt hat.

12 Maria von Magdala ging zu den Jüngern und verkündete ihnen: Ich habe den Herrn gesehen. Und sie richtete aus, was er ihr gesagt hatte.

7 Jesus sagte zu ihr: Frau, warum weinst du? Wen suchst du?

10 Da wandte sie sich ihm zu und sagte auf Hebräisch zu ihm: Rabbuni!, das heißt: Meister.

4 Die Engel sagten zu ihr: Frau, warum weinst du?

8 Sie meinte, es sei der Gärtner, und sagte zu ihm: Herr, wenn du ihn weggebracht hast, sag mir, wohin du ihn gelegt hast. Dann will ich ihn holen.

2 Während sie weinte, beugte sie sich in die Grabkammer hinein.

6 Als sie das gesagt hatte, wandte sie sich um und sah Jesus dastehen, wusste aber nicht, dass es Jesus war.

Arbeitsauftrag:

Die Sätze sind durcheinandergeraten. Schneiden Sie die Sätze aus und fügen Sie sie in der richtigen Reihenfolge wieder zusammen.

Die Leere-Grab-Tradition bei Johannes

A. Standbilder

Arbeitsauftrag:

Stellen Sie in einem Standbild oder in mehreren Standbildern die Beziehung zwischen Maria Magdalena und dem auferstandenen Jesu dar.

Sie können versuchen, diese Beziehung in einem Standbild wie in einem Denkmal darzustellen, das die besondere Relation zwischen Jesus und Maria Magdalena symbolisch verdichtet. Sie können aber auch zwei Standbilder finden, die wie Fotografien von zentralen Szenen eines Films zwei Situationen festhalten, erstens die Situation, in der Maria noch trauert und Jesus für den Gärtner hält, zweitens die Situation, in der sie ihren Meister erkennt, ihn aber nicht berühren darf.

B. Umschreiben in eine andere Textgattung

Arbeitsaufträge:

B 1 Innerer Monolog

Schreiben Sie in Form eines inneren Monologes auf, welche Gedanken Maria Magdalena während des Geschehens am leeren Grab durch den Kopf gehen, wie sie die Begegnung mit Jesus unmittelbar auffasst.

B 2 Bericht

Stellen Sie sich vor, der Evangelist hätte Maria Magdalena wie ein Polizist zu dem Geschehen befragt und seine Erzählung als eine Art Polizeibericht verfasst. Formulieren Sie die Erzählung als einen solchen Bericht um.

C. Perspektivenwechsel

Arbeitsaufträge:

C 1 Maria Magdalena

Schreiben Sie einen Tagebucheintrag, in dem Maria Magdalena die Begegnung mit Jesus am Abend in allen Details beschreibt und auch über ihre Gefühle vor sich selbst Rechenschaft ablegt.

C 2 Der Gärtner

Der wirkliche Gärtner hat das Geschehen von Weitem beobachtet. Abends erzählt er seiner Frau, was er gesehen hat. Überlegen Sie genau, was er wahrgenommen haben könnte, und schreiben Sie auf, was er seiner Frau erzählt.

Ingrid Scholz: Das leere Grab als Symbol der Zukunft bei Gott

Was bedeutet das Symbol vom „leeren Grab"? [...] Das leere Grab sagt den Frauen nichts. Es kann nicht als Beweis für die Auferstehung Jesu herhalten. Offensichtlich leitet sich das Motiv des leeren Grabes auch her vom Bedürfnis des Menschen, Orte zu benennen und zu haben, wo sie ihre Trauer festmachen können. Soll dieses Bedürfnis auch transzendiert werden? Die zunehmende Sehnsucht, einmal „vom Winde verweht zu sein", kann das Leben von Angehörigen verstören, wenn sie keinen Ort für ihre Toten haben, an dem sie sich verabschieden und den sie wieder besuchen können, so oft sie es möchten und brauchen. Ich erinnere an die vielen Toten der Weltkriege, die verscharrt worden sind, wo man einfach nichts weiß – oder an die Massengräber der Neuzeit.

Bei meinem Nachdenken bin ich auf einen Artikel gestoßen, der auf den ersten Blick nicht zum Thema zu gehören scheint: Sabine Bode: Das Grab darf nicht leer bleiben. Ein Abschied, bevor das Leben begann: Wie Eltern Tot- und Fehlgeburten verkraften. Sabine Bode berichtet, wie Eltern von ihren tot geborenen Kindern Abschied nehmen können. Unterstützt werden sie dabei von Gerd Elderding, Facharzt für Geburtshilfe. Zwar muss der Fötus – medizinisch gesehen – so schnell wie möglich aus dem Körper der Mutter, d. h. er muss „geboren" werden. Vielfach wird er dann aber schnell „entsorgt", auch um die Mutter nicht mit dem Tod zu konfrontieren. Das psychische Erleben der Eltern ist dabei nicht im Blick. Elderding empfiehlt stattdessen: Die Eltern sollten ihr totes Kind ansehen, es berühren, es sogar anziehen. Er ist davon überzeugt, dass dieses Verhalten sinnvoll ist und befreiend wirkt. Er sagt, fast immer hätten die Mütter, wenn sie ihr Kind während der Schwangerschaft verloren haben, Schuldgefühle. Häufig seien die Selbstvorwürfe so stark, dass sie die heilenden Gefühle der Trauer erst gar nicht aufkommen lassen. Das Schmerzlichste sei das Erinnerungsloch, dort, wo andere Mütter ein Geburtserlebnis haben. Sie werden sich selbst überlassen, kein Anlass zu trösten, oft auch vom Ehemann nicht.

Anja und Nick haben ihr Baby verloren. Sie sehen das tote Baby an, baden und bekleiden es. Sie geben ihm einen Namen, machen Fotos und Fußabdrücke. Sie schweigen ihr Kind nicht tot. Sie nehmen das tote Baby zu ihrem Kind an, trauern um es. So können sie sich liebevoll von ihm verabschieden. Sie haben es beerdigt. Sie haben eine kurze gemeinsame Geschichte, an die sie sich erinnern können. Was hat das mit Auferstehung zu tun?

Auferstehung meint die Vollendung des ganzen Menschen. Zum Menschsein gehört wesentlich die Kommunikation mit anderen, und der Mensch ist wesentlich ein geschichtliches Wesen. Beides zusammen macht seine Leibhaftigkeit aus. Der Leib des Menschen ist Realsymbol seiner Fähigkeit, mit anderen zu kommunizieren und Geschichte in sich zu sammeln. Sprechen, hören, anschauen, die Hand geben, umarmen, schreiben und lesen, alles sich mitteilen und den anderen wahrnehmen, alle Kommunikation geschieht leibhaftig. Und die Narben und die Schwielen, die Falten im Gesicht eines älteren Menschen können die Geschichte eines erlittenen und gestalteten Lebens erzählen. [...] „Auferweckung des Leibes" bedeutet dann, dass der ganze Mensch mit seiner ganzen Lebensgeschichte, mit seinen Beziehungen zu anderen, eine Zukunft hat. Der Mensch findet bei Gott nicht nur seinen letzten Augenblick wieder, sondern seine Geschichte. So geben Anja und Nick ihrem tot geborenen Kind durch das Trauerritual eine personale Beziehung, eine kurze gemeinsame Geschichte, und transzendieren damit ihre Hoffnung, dass auch es bei Gott eine Zukunft haben werde – der Mensch findet sich bei Gott wieder.

Ingrid Scholz: Vom leeren Grab zur lebendigen Hoffnung. Zur Geschichte vom leeren Grab. In: KU-Praxis 43 (2002), Gütersloher Verlagshaus.

Arbeitsaufträge:

1. *Nehmen Sie Stellung zu der Empfehlung des Arztes Gerd Elderding, indem Sie Ihre Zustimmung bzw. Ihre Ablehnung begründen.*
2. *Trauerarbeit und Hoffnung auf Auferstehung gehören zusammen. Beschreiben Sie, wie Scholz diesen Zusammenhang veranschaulicht.*
3. *Stellen Sie dar, wie Scholz das Symbol des leeren Grabes mit der Trauer von Anja und Nick über ihr tot geborenes Baby verbindet.*

4. Die Leiblichkeit des Auferstandenen und der christlichen Auferstehungshoffnung

M 29 Jewgenij Jewtuschenko: Eine Szene beim Putschversuch in Moskau zur Bedeutung des gemeinsamen Essens

Kompetenzschwerpunkte: *Methodisch-kreativ und personal-sozial:* Die Bedeutung der Symbole Nahrung und Mahl im Textauszug ansatzweise erfassen und auf der Basis eigener Erfahrungen erklären (A), am Beispiel des literarisch beschriebenen Prozesses, wie ein Teil der Moskauer Bevölkerung zum Gastgeber feindlich gesinnter Soldaten wird, die friedensstiftende Bedeutung des Mahles herausarbeiten und sie auf eigene Mahlerfahrungen beziehen (B), dadurch die ästhetische Qualität des literarischen Textes wahrnehmen, sie detailliert an den Bildern des Textes aufweisen und für die eigene Lebensorientierung fruchtbar machen (C).

Planung: Hintergrundwissen: 1991 versuchten Militärs der alten sowjetischen Garde, den Präsidenten der Sowjetunion, Michail Gorbatschow, zu stürzen und so den durch ihn eingeleiteten Prozess von Glasnost (Transparenz) und Perestroika (Umgestaltung) zu stoppen. Mit autobiografischen Anteilen verarbeitet Jewtuschenko in seinem Roman „Stirb nicht vor deiner Zeit" von 1993 die Vorgeschichte und die Ereignisse um den Putschversuch vom August 1991. Panzer umstellen das Weiße Haus, den Regierungssitz des Präsidenten von Russland, Boris Jelzin, um mögliche Aufstände gegen den Militärputsch niederzuschlagen, der den Sowjets die Regierungsmacht zurückerobern und die drohende Aufsplitterung des Sowjetreichs verhindern soll. Im ausgewählten Auszug (M 29) verdichtet der Autor die zwischenmenschliche Solidarität als eine zentrale Ursache für das Scheitern des Putsches im Symbol des Mahles: Die Panzer bleiben vor der roten Ampel stehen (Z. 1 f.), was dazu führt, dass sich die asiatischen Panzerfahrer mit den europäischen Einwohnern Moskaus solidarisieren (Z. 26). Der Anlass, Nahrung von der Bevölkerung anzunehmen, entsteht durch das Missgeschick einer fülligeren älteren Frau (Z. 7), die mit Lockenwicklern und Hausschuhen die gespenstische Macht der Panzer mit ihren unsichtbaren Fahrern kontrastiert und gar nicht dem Feindbild entspricht (Z. 17). Ihr Einkaufsnetz bleibt an den Panzerketten hängen und bestreut die Panzer mit Makkaroni (Z. 11 f.). Daraufhin entsteigen die jungen Soldaten ihrem Panzer und helfen der Frau, die mühsam erworbene Nahrung aufzusammeln (Z. 13–21). Die Umgebung bestätigt die Solidarität der Soldaten mit der Frau durch Hochrufe und versorgt die unbekannten Panzerfahrer mit Nahrungsmitteln (Z. 22–27).
Der Romanauszug dient der Einstimmung auf den Vergleich der drei Szenen im Lukasevangelium, in denen Jesus als Gastgeber auftritt (M 30). Erörtern Sie mit den Schülern die Frage, was es bedeutet, von jemandem Nahrungsmittel anzunehmen. Relevante Punkte sind hierbei Eltern, die ihre Kinder ernähren, die Rollen des Gastgebers und des Gastes sowie persönliche Erinnerungen an gemeinsame Mähler mit der Familie, an Einladungen zu Geburtstagen, Kuchen, Leibgerichte usw.
Da Panzer in ihrer Größe und Lautstärke den Schülern wohl nur aus den Medien bekannt sind, könnte es sein, dass der Kontrast zwischen den Panzern mit Stahlketten und dem Mütterchen mit Einkaufsnetz nicht direkt wahrgenommen wird. Durch Textzitate (etwa Z. 11 f.) können die Schüler darauf aufmerksam gemacht werden.

Erwartungshorizont: Die erste Aufgabe lädt die Schüler ein, sich mit den jungen Soldaten im Panzer zu identifizieren. Der Text legt eine Identifikation der Frau, deren Missgeschick die Panzerfahrer beobachten, mit ihren eigenen Müttern nahe (Z. 14–16). Deshalb werden die Schüler aufgefordert zu überlegen, was ein Panzerfahrer seiner Mutter am Abend erzählen könnte. Sicher wird er berichten, dass er von der Moskauer Bevölkerung freundlich aufgenommen und mit Nahrung versorgt wurde, obwohl er gesendet war, beim Sturz des Präsidenten Russlands mitzuwirken. Dass die Soldaten Lebensmittel von der Bevölkerung angenommen haben, dürfte die Hemmschwelle erhöhen, „auf ihre eigenen Leute" loszugehen, wie die ältere Frau die als „Kinderchen" titulierten Soldaten „verzweifelt" angeschrieen hatte (Z. 9 f.). Indem die Schüler das Verhalten der Soldaten ihrer fiktiven Mutter beschreiben, können sie die Motive für die Solidarität mit der älteren Frau herausarbeiten (Identifikation mit der eigenen Mutter, Wissen um die Bedeutung der Nahrung, Harmlosigkeit des angeblichen Feindes). Die zweite Aufgabe lenkt den Blick der Schüler auf die Symbole Nahrung (Makkaroni) und Nahrungsaufnahme (Mahl). Das Netz der Frau zerreißt an den „stählernen Raupenketten", sodass sich die Makkaroni als „weißer Regenschauer" über den Panzer ergießen (Z. 11 f.). Die verletzliche Nahrung steht im Kontrast zur Härte der Panzer. Die „wie Lichtstäbchen [...] auf dem Panzer glänzenden Makkaroni" (Z. 19f.) stehen im Kontrast zur dunklen Tarnfarbe der Panzer, dem Ausdruck militärischer Gewalt. Durch das Essen und Trinken (Brot, Wurst, Äpfel, Flaschen mit Kefir, Z. 25) verbinden sich die Soldaten mit der Bevölkerung zu einer Mahlgemeinschaft, die es ihnen unmöglich macht, auf sie zu schießen. Die zentrale Erkenntnis ist, dass alle Menschen durch die Notwendigkeit, das Grundbedürfnis nach Nahrung zu stillen, miteinander verbunden sind. Besonders in Kriegszeiten kann die Erinnerung an diese grundlegende Gemeinsamkeit durch die Fürsorge des einen für den vermeintlich feindlich gesinnten anderen humanitäre Werte stärken und Solidarität eröffnen und damit einen Weg zum Frieden bahnen.

M 30 Gemeinsame Mahlhandlung (Jesus als Gastgeber)

Kompetenzschwerpunkte: *Kommunikativ und personal-sozial:* Die Erfahrung des Teilens und gemeinsamen Essens in Worte fassen (A), sie aktiv in Bezug auf die Äußerungen anderer in den Diskurs bringen (B), sie im Blick auf ihre existenziell-religiöse Dimension reflektieren (C).

Kognitiv und existenziell-religiös: Drei lukanische Mahltexte miteinander vergleichen, Gemeinsamkeiten und Unterschiede wahrnehmen und dabei ihre Bedeutung für die eigene religiöse Orientierung erfassen (A), eine begründete Hierarchisierung der Texte vornehmen und sie auf die eigene religiöse Orientierung beziehen (B), die Texte als sich ineinander spiegelnde Erzählungen mit eucharistischer Bedeutung nachvollziehen, erklären und sie zur Entwicklung der eigenen religiösen Orientierung in Zuspruch und Widerspruch nutzen (C)

Planung: Zum Einstieg bringt der Lehrer ein Fladenbrot mit, nimmt es, bricht ein Stück ab und gibt das Brot weiter an die Schüler, die ebenso verfahren, bevor sie gemeinsam das Stück Brot verzehren. M 30 kann im Anschluss dazu dienen, über die Diskussion der Verben und die Frage, welche Tätigkeit noch fehlen könnte (der Person zu danken, von der ich das Brot nehme, indirekt dem Schöpfergott), die soeben gemachte Erfahrung zu reflektieren. So gelingt ein motivierender Einstieg zur Beschäftigung mit drei lukanischen Mahltexten, in denen Jesus als Gastgeber auftritt (Lk 22,7–20; Lk 24,28–31; Lk 9,10–17).

Nur in diesen dreien von insgesamt 18 Mahlerzählungen des Lukasevangeliums wird Jesus als Gastgeber dargestellt, der das Brot nimmt, über es das Dankgebet spricht, es bricht und es verteilt, immer in dieser viergliedrigen Formel „nehmen – beten (danken oder segnen) – brechen – geben". Im Zentrum steht das letzte Abendmahl, in dem Jesus den Jüngern im Darbringen von Brot und Wein das himmlische Mahl verheißt (Lk 22,7–20, bes. V. 16.18). Im Emmaus-Mahl macht Jesus den Jüngern vor, wie sie den Auftrag des Gedächtnismahles erfüllen und darin die Gegenwart des Auferstandenen erfahren können (Lk 24,28–31). Die Speisung der 5000 am Ende des Wirkens Jesu in Galiläa deutet das Geschehen in Jerusalem bereits voraus: Jesus selbst ist das Brot, das den Menschen Leben gibt (Lk 9,10–17). Die wunderbare Brotvermehrung steht singulär an der Schwelle zu Jesu Aufbruch nach Jerusalem. Der Fisch, der in dieser Wundergeschichte hinzukommt, spielt dafür in der letzten Mahlerzählung im Lukasevangelium wieder eine Rolle (s. o. M 12). Die unterschiedlichen Nahrungsmittel charakterisieren die Eigenart der drei Texte: die Jünger sind verbunden durch das Brot, der Wein verweist auf die Paschafeier, der Fisch auf die Wirklichkeit des späteren Auferstehungsleibes und das Ausstehen des himmlischen Mahles, denn noch darf Jesus die Paschanahrung nicht zu sich nehmen (Lk 22,16.18).

Entweder schlagen die Schüler die Texte in der Einheitsübersetzung nach, oder der Lehrer stellt sie auf einem Arbeitsblatt zusammen. Unter der Internetadresse www.bibleserver.com finden sich verschiedene Übersetzungen. Durch einen Übersetzungsvergleich etwa zwischen der Einheitsübersetzung, der „Guten Nachricht" und der Ausgabe der Lutherbibel von 1912 könnten die Schüler die folgenden Arbeitsaufträge bearbeiten, ohne Übersetzungsvergleich entfällt Aufgabe 1.

1. Lassen Sie die Unterschiede der Übersetzungen auf sich wirken, indem jeweils einer von Ihnen eine Stelle in den drei Übersetzungen vorliest. Notieren Sie, welche Stimmung jeweils beim Zuhören entsteht. Gibt es Unterschiede? Welche Übersetzung gefällt Ihnen am besten? Sind Sie einer Meinung?
2. Vergleichen Sie die drei Bibelstellen in Bezug auf die Frage, wie Jesus seine Gastgeberrolle wahrnimmt. Stellen Sie Unterschiede und Gemeinsamkeiten heraus.
3. Überlegen Sie, welche der drei Stellen am wichtigsten ist. Was könnten Kriterien sein, um Bedeutungsgrade zu unterscheiden? (Mögliches Kriterium: Durch welche Bibelstelle lässt sich der Sinn der anderen beiden am besten erfassen?)

Bei Aufgabe 1 ist darauf zu achten, dass ein Schüler sich jeweils die Texte der beiden anderen nimmt und die drei Übersetzungen einer Stelle vorliest, damit der Vergleich nicht durch unterschiedliche Vorlesefähigkeiten verfälscht wird.

Erwartungshorizont: Das Bild mit dem Fladenbrot und den drei Verben nehmen – brechen – geben, die in einem Kreislauf um das Brot angeordnet sind, vergegenwärtigt die Erfahrung, die mit dem Teilen von Nahrung verbunden ist. Schon unser Angewiesensein auf Nahrung verdeutlicht, dass wir das Leben nicht aus uns selbst besitzen, sondern es selbst und seine Erhaltung einen Geschenkcharakter aufweisen.

Der mögliche Übersetzungsvergleich leitet die Schüler an, die Wirkung der Übersetzungsleistung der Texte zu reflektieren. Im Hören der unterschiedlichen Sprachgestaltung im Vergleich (z. B. die bekannte Einheitsübersetzung, die aktualisierende „Gute Nachricht" und die altertümlich verfremdende Übersetzung von Luther in der Bearbeitung von 1912) erhalten die Schüler einen emotionalen Zugang zu der Unterschiedlichkeit der Übersetzungen. Durch Aufgabe 2 soll die Gastgeberrolle Jesu genauer erfasst werden. Obwohl er immer wieder Menschen hat, die ihm bei den Mahlvorbereitungen helfen, ist er derjenige, der die Nahrung verteilt und indirekt selbst zur Nahrung wird. In Emmaus wird er als Eingeladener zum Gastgeber, in Jerusalem schickt er Petrus und Johannes, das Mahl vorzubereiten, in Galiläa nimmt er die vorhandene Nahrung der Jüngergruppe und sättigt damit alle Anwesenden. Aufgabe 3 fragt nach einer Bedeutungshierarchie der drei Texte (der kursiv gesetzte Hinweis auf ein mögliches Kriterium kann bei stärkeren Lerngruppen zunächst wegfallen – Binnendifferenzierung). Im Zentrum steht das letzte Abendmahl Jesu, von dem her sowohl die Speisung der 5000 als auch das Emmaus-Mahl gedeutet werden können. Im Abendmahl stellt sich Jesus selbst als Nahrung seiner Jünger dar und verheißt seinen Jüngern eine Erfüllung des Mahles im kommenden Reich Gottes (Lk 22,16.18). Auf dieser zentralen Erfahrung beruht das Wiedererkennen Jesu durch die Jünger in Emmaus und Jerusalem. Die Begegnung mit Jesus ist im eucharistischen Mahl möglich, in dem Jesus Gastgeber und Gabe zugleich ist. Im gemeinsamen Mahl wird der Anbruch des Reiches Gottes erfahrbar, auch wenn es noch nicht erfüllt ist. Die Speisung der 5000 gibt ein Vorbild für dieses eucharistische Geheimnis. Die Predigt Jesu ist kein leeres Wort, sondern echtes Lebensmittel, das den Hunger der Menschen auf allen Ebenen zu stillen vermag.

M 31 Das Festmahlgleichnis in Lukas 14

Kompetenzschwerpunkte: *Kognitiv und kommunikativ:* Grundzüge der lukanischen Mahltheologie am Beispiel des Festmahlgleichnisses wiedergeben (A), die kommunikativen Strukturen des sprachlichen Handelns Jesu als Hintergrund für das Verständnis lukanischer Mahltheologie benennen (B), in diskursiver Reflexion die Theologie des Festmahlgleichnisses auf die Rolle Jesu als Gastgeber auf Erden und im endzeitlichen Mahl beziehen (C).

Planung: Die drei Geschichten von Jesus als Gastgeber korrespondieren mit dem Gleichnis vom großen Festmahl, das im Zentrum der lukanischen Mahltexte steht. Jesus selbst ist der Herr, der alle Menschen zum Festmahl einlädt (Lk 14,21.23), so wie er die 5000 in Galiläa gesättigt und seinen Jüngern die Teilnahme am himmlischen Mahl verheißen hat. Dieses Gleichnis (V. 16–24) steht am Ende einer Mahlerzählung, die noch ein weiteres Mahlgleichnis enthält. Jesus ist am Sabbat bei einem „führenden Pharisäer" eingeladen (V. 1). Durch die Heilung eines Wassersüchtigen provoziert er die Anwesenden, noch bevor sie Platz genommen haben. Sie können dazu aber nichts sagen, weil Jesus ihre unausgesprochene Frage, ob Heilungen am Sabbat erlaubt seien, direkt aufgreift und sie mit seiner Antwort sprachlos macht. Als Jesus nach diesem fulminanten Einstieg bemerkt, „wie sich die Gäste die Ehrenplätze aussuchen" (V. 7), nimmt er das zum Anlass für ein Mahlgleichnis. Es geht um die Frage, wie man sich als Gast bei einem Hochzeitsmahl verhalten soll, um nicht beschämt zu werden. Die Quintessenz des Gleichnisses spiegelt den Satz von den Ersten und den Letzten aus Lukas 13,30 wider: „Wer sich selbst erhöht, wird erniedrigt, und wer sich selbst erniedrigt, wird erhöht werden" (V. 11). Im zweiten Teil der Mahlerzählung weist Jesus den Gastgeber darauf hin, dass er auch jene zum Mahl laden soll, die die Einladung nicht „vergelten". Das werde ihm dann „vergolten werden bei der Auferstehung der Gerechten" (V. 14). Als einer der Gäste darauf ausruft: „Selig, wer im Reich Gottes am Mahl teilnehmen darf" (V. 15), erzählt Jesus das Gleichnis vom großen Festmahl, durch das er vermeintliche Sicherheiten erschüttert und den universalen Anspruch seiner Sendung herausstreicht. Der Text und die Aufgaben eignen sich auch als Klausur.

Zum Einstieg eignet sich ein Ausschnitt der Hände aus dem Bild von Sieger Köder „Das Mahl mit den Sündern" (im Internet verfügbar). Der Bildausschnitt zeigt zwei Hände mit offen blutenden Wundmalen, die rechts und links neben einem halb vollen Glas mit einer dunklen Flüssigkeit (Wein?) die Handinnenflächen einladend öffnen. Die rechte Hand hält zwischen oberstem Daumenglied und Fingern ein Stück Brot. Nicht ganz deutlich ist, ob die Handgelenke auf dem Untergrund des weißen Tischtuches aufliegen (dafür spricht die gleiche Höhe von Händen und Glas) oder in einer liturgischen Geste von dem Tisch erhoben sind (das Glas scheint in der Luft zu schweben). Der Lehrer kopiert den Ausschnitt in die Mitte eines DIN-A4-Blattes und fordert die Schüler auf, nach einer ersten Betrachtung und Interpretation im Plenum Ideen zu den ausgelassenen Bildteilen rund um den Ausschnitt aufzumalen oder aufzuschreiben. Da die Hände Wundmale aufweisen, kann es keine Darstellung des letzten Abendmahls sein. Die Schüler müssen überlegen, wer zu dem Mahl des Gekreuzigten eingeladen ist bzw. an ihm teilnimmt.
Nach der Erarbeitung von Lk 14 kann das gesamte Bild mit den eigenen Ergänzungen verglichen werden. Die selbst erstellte Bildergänzung dient somit als Zugang zum Bild, insofern sie im Vergleich mit der Lösung von Köder die Anknüpfungspunkte mit den eigenen Vorstellungen transparent macht. Die sieben Personen im Bild – ein Farbiger in Sträflingskleidung, eine Dame im roten Gewand, ein Intellektueller mit Nickelbrille, ein trauriger Clown, eine alte Frau, eine junge Frau (wahrscheinlich eine Prostituierte), ein jüdischer Rabbi – eröffnen vielfältige Identifikationsmöglichkeiten. Auch und gerade wenn kein Schüler sich in einer von ihnen wiederfindet, dürfte es ihnen möglich sein, sich in sie einzufühlen: Kann der unsichtbare Jesus die Sorgen und Ängste der Menschen aufnehmen, ihre Hoffnungen erfüllen?
Die Identifikationsübung setzt die Kompetenz der Schüler voraus, Gefühle und Gedanken auch sprachlich äußern zu können. Eine methodische Alternative für schwächere Kurse ist es, sich in eine Person oder einen Gegenstand des Bildes zu versenken und dazu ein Bild zu malen. Über die auf der Rückwand eingravierte Szene kann eine Verbindung zum Gleichnis des „verlorenen Sohnes" (Lk 15) gezogen werden. Gott nimmt jeden vorbehaltlos auf, der sich ihm vertrauensvoll zuwendet, und auch den älteren Sohn, der sich abwendet, lädt er in die Festmahlgemeinschaft ein.

Erwartungshorizont: Aufgabe 1 sichert durch das Unterstreichen der Worte und Taten Jesu und seiner Zuhörer in vier unterschiedlichen Farben eine genaue Textwahrnehmung und bereitet Aufgabe 2, die Erstellung einer Übersicht über die Kommunikationsstruktur der Erzählung, vor. Deutlich sollte werden, wie sehr Jesus auf die Befindlichkeiten, die Gedanken und Handlungen seiner Zuhörer eingeht. Zuerst thematisiert er sein Anstoß erregendes Heilen am Sabbat in einer rhetorischen Frage, die seine Gegner verstummen lässt (V. 5), dann spricht er mit dem ersten Gleichnis das Verhalten der Gäste an, die sich die besten Plätze nehmen, ohne eine Platzzuweisung des Gastgebers abzuwarten (V. 7–11). Als Jesus an den Gastgeber appelliert, nicht nach dem Grundsatz *do ut des* (Ich gebe, damit du gibst) zu handeln, sondern im endzeitlichen Blick auf „die Auferstehung der Gerechten" auch denen Gutes zu tun, die Not leiden und seine Taten nicht direkt vergelten können (V. 12–14), preist ein Gast jene selig, die „im Reich Gottes am Mahl" teilnehmen dürfen (V. 15). Durch das Festmahlgleichnis klärt Jesus seine Zuhörer auf, dass alle zu diesem Mahl eingeladen sind, zunächst die Geladenen, die absagen, dann aufgrund der Absage alle, die noch nicht geladen waren (V. 21.23). Wer allerdings die Einladung abgesagt hat, hat seine Chance zur Teilnahme vertan (V. 24).
Aufgabe 3 soll die Wahrnehmung der Kommunikation zwischen Jesus und seinen Zuhörern vertiefen, indem sie zu einer Charakterisierung auffordert und das Verhalten Jesu als Gast beim Pharisäer (V. 1–15) und das Festmahlgleichnis (V. 16–24) wechselseitig reflektieren lässt.
Die Aufgaben 4 und 5 stellen die Fragen, inwiefern das Mahlgleichnis als Gerichtsgleichnis zu verstehen ist und inwiefern es als Deutungsangebot für die theologische Interpretation der Texte dienen kann, in denen Jesus als Gastgeber auftritt (s. o. zu M 30). Nicht die Zugehörigkeit zu einer bestimmten Gruppe, Rasse oder Religion bewirkt ewiges Heil, die Platzzuweisung geschieht von außen und gebietet Demut (erstes Gleichnis V. 8–11). Wichtiger ist, wie offen jemand für die Not der anderen ist, und dass er hilft (V. 14). Übertragen heißt das, dass die Christen allen Menschen die Teilnahme am Gedächtnismahl ermöglichen sollen, so wie Jesus selbst es den Emmaus-Jüngern gezeigt hat und es im Festmahlgleichnis andeutet (V. 16–24). Wer die Einladung jedoch nicht annimmt, der wird am Mahl nicht teilnehmen (V. 24). Das heißt im Umkehrschluss auch (gegen eine mögliche antijüdische Spitze, dass die Juden als die Erstgeladenen die Messianität Jesu nicht anerkannt haben), dass niemand zur Teilnahme gezwungen werden darf. Der Glaube an den auferstandenen Christus ist ein Angebot, das nur in Freiheit angenommen werden kann. Sieger Köder hat dieses Angebot zum Mahl durch die bunte Gesellschaft aus drei Frauen und vier Männern (sieben als Zahl der universalen Fülle) ins Bild gebracht. Die Schüler können Verbindungslinien

zwischen Bild und zugrunde liegendem Text selbst ziehen: Eine Orientierung am Beispiel Jesu kann einen zwanglos offenen Umgang mit allen Menschen ermöglichen. Wer selbst von der unbedingten Liebe Gottes erfüllt ist, kann nicht anders handeln, als diese Liebe weiterzugeben, wie uns das Beispiel Jesu zeigt. Anderes Verhalten offenbart in der Reflexion die Gebundenheit an Ängste, Misstrauen und Sorgen, die im Blick auf Jesus relativiert und verwandelt werden können.

M 32 Andrea Bieler: „Der Leib Christi hat AIDS" – Echte Körper beim Abendmahl

Kompetenzschwerpunkte: *Kognitiv, kommunikativ und religionspädagogisch:* Die Bedeutung der leibhaften Wirklichkeit im konkreten eucharistischen Mahl durch die beschriebene Erfahrung nachvollziehen (A), diese Erfahrung mit dem Begriff der „verleiblichten Metapher" im Zusammenhang mit der lukanischen Mahltheologie interpretieren (B), auf dieser Basis eigene Erfahrungen mit „speaking bodies" reflektieren und ins Gespräch bringen (C).

Planung: Da es sich um eine sehr bewegende Erfahrung mit Krankheit handelt, insofern der an AIDS erkrankte Priester auf seinen Leib als Leib Christi verweist, ist auf eine ernsthafte Atmosphäre zu achten. Trotz aller Aufklärung fühlen sich viele AIDS-Kranke als Aussätzige. Vielleicht kennen Schüler HIV-positive Personen oder sind selbst betroffen. Bei einer sehr guten Lerngruppe kann M 32 auch als Klausur dienen, Aufgabe 4 müsste dann ersetzt werden durch eine persönliche Stellungnahme.

Erwartungshorizont: Die Geste des Priesters Jim Mitulski ist eine „verleiblichte Metapher", weil sie während der Eucharistie hautnah erfahren lässt, dass Gott sich mit den Schwachen in der Gesellschaft identifiziert. Abstraktes Wissen von der Liebe Gottes wird im Leib des Priesters konkret, der als dieser Leib Eucharistie feiert und Christus am Altar darstellt (Aufgabe 1). Bieler erfährt, dass dieses Geschehen nicht allein symbolisch beschrieben werden kann, insofern die symbolische Erfahrung zugleich über sich hinausweist: Das, was sie nun gefühlsmäßig erkennt, geht über das hinaus, was gesagt oder kognitiv erfasst werden kann. An dieser Stelle sind Verständnisschwierigkeiten der Schüler zu vermuten, die deshalb thematisiert werden (Aufgabe 2). Auf zwei Weisen werden diese Schwierigkeiten angegangen:

a) Durch Rückbezug auf die lukanische Mahltheologie können die Schüler die Mahlpraxis Jesu als den „gemeinsamen Horizont" deuten, der durch die gottesdienstliche Feier erinnernd vergegenwärtigt wird (Aufgabe 3). Dieser Horizont ist als solcher nie endgültig fassbar, sondern entzieht sich, indem man sich ihm annähert – so wie der Horizont beim Gehen „mitwandert".
b) Je nach Kursatmosphäre ist ein Gespräch über Erfahrungen mit ‚speaking bodies' möglich. Bei Jugendlichen werden hier erste sexuelle Erfahrungen eine Rolle spielen (Aufgabe 4). Auch der andere in einer Liebesbeziehung ist niemals endgültig fassbar. Die Person, die sich in ihrem Leib ausdrückt, entzieht sich einem vollständigen Begreifen-Wollen.

M 33 Paulus zur Leiblichkeit der Auferstehung im ersten Korintherbrief (1 Kor 15)

Kompetenzschwerpunkte: *Methodisch-kreativ und existenziell-religiös:* Grundzüge der Botschaft Pauli bildhaft wiedergeben und die eigene Orientierung mit ihr vergleichen (A), die Mindmap als Rekonstruktionsleistung reflektieren und darüber die eigene Orientierung begründen (B), den eigenen Anteil an der kreativen Arbeit erfassen und ihn selbstkritisch mit der Fremdheit des Textes in Beziehung setzen, dadurch ggf. die eigene Orientierung verändern (C).

Planung: Die Methode der topografischen Mindmap ist den Schülern aus Ihrer Erarbeitung der Emmaus-Geschichte ggf. vertraut (vgl. M 9). Während die Emmaus-Geschichte wegen ihres Charakters als Weggeschichte eine topografische Struktur nahelegt, erscheint die Rede Pauli im Gewand einer spekulativen Argumentation. Weder die weltanschaulichen Voraussetzungen, wie etwa der um die Zeitenwende allgemein verbreitete Schöpfungsglaube, noch die biografischen Voraussetzungen Pauli, etwa der in seinem Damaskus-Erlebnis begründete Glaube an Jesus als den auferstandenen Christus, dürfte den Schülern in gleicher Weise bekannt sein. Aber nicht das ist das zentrale Problem für die Rezeption des Textes: Seine Argumentation bleibt unschlüssig, weil die Zusammenhänge zwischen den einzelnen Denkbewegungen nicht vom Text selbst gestiftet werden. Indem Schüler diese Argumentation in ein Bild bringen, kann ihnen jedoch klar werden, dass der paulinische Text ein Glaubenszeugnis über die Schöpferkraft Gottes darstellt und nicht an den Ansprüchen philosophischer Genauigkeit gemessen werden darf. Die Schüler können ihre Mindmaps mit ihren abstrakten Vorstellungsbildern vergleichen (s. M 1) und sich mit ihnen zur paulinischen Vorstellung positionieren. Im Unterrichtsgespräch wird es wichtig sein, auf Analogien hinzuweisen, da sich Schüler erfahrungsgemäß eher auf die Kontraste konzentrieren.

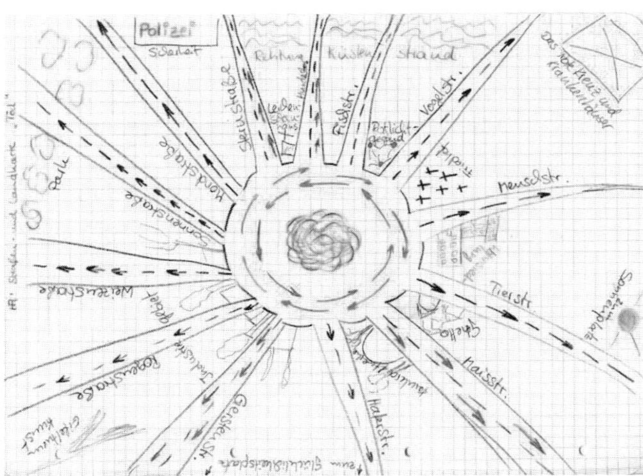

Beispiel für eine topografische Mindmap, die erstaunliche Parallelen zum abstrakten Vorstellungsbild der Schülerin (s. o. zu M1) zum Thema Tod aufweist.

Hintergrundinformationen zur historischen Einordnung des Textes sind durch einen kurzen Lehrervortrag schnell gegeben:

- Paulus hat 2,5 Jahre in Korinth gewirkt.
- Der Glaube an Jesu Auferstehung ist vorausgesetzt (1 Kor 15,3–5: Jesus ist gestorben, begraben, auferweckt, erschienen).
- In Korinth sagen einige, es gebe keine Auferstehung der Toten (1 Kor 15,12).
- Heidenchristen (in Korinth) haben Probleme mit dem Gedanken der Totenauferstehung. Die Vorstellung von leiblicher Auferstehung passt nicht zum Dualismus von Leib und Seele, wie er in der griechischen Philosophie, etwa von Platon, vertreten wird.
- Paulus möchte durch seinen Brief aus der Ferne die bedrohte Einheit der Gemeinde sichern.

Erwartungshorizont: Die didaktische Chance der Erarbeitung der Mindmaps und ihre Reflexion im Rückgang auf den Text einerseits und die Vorstellungen der Schüler andererseits liegt darin, die theologische Intention Pauli zu erfassen. Für Sie als Lehrer ist es daher erforderlich, die komplexe paulinische Argumentation nachzuvollziehen, damit Sie im Gespräch über die Bilder der Schüler weiterführende Impulse geben können. Wichtig ist, dass Sie den Perspektivwechsel von einer philosophisch-logischen Analyse zur Logik des Glaubens nachvollziehen.

Die „philosophischen Mängel" der Argumentation treten bei einer rein logischen Analyse des Textes deutlich zutage. Der einzige argumentative Übergang, der Vergleich in V. 42a, sprengt den Textzusammenhang und die abschließende Konklusion in V. 44b stellt logisch eine *petitio principii* dar. Aus dem Sein des irdischen Leibes lässt sich nicht das Sein des Auferstehungsleibes ableiten, ohne die Auferstehung bereits als Faktum vorauszusetzen. Wie beim naturalistischen Fehlschluss wird das, was sein soll – der Auferstehungsleib – fälschlich mit dem, was ist, in einen Topf geworfen. Beim naturalistischen Fehlschluss geschieht dies allerdings in umgekehrter Reihenfolge. Sollensansprüche werden aus einem ‚naturgegebenen' Sein abgeleitet, während hier eine Seinsbehauptung aus einer Hoffnung des Glaubens deduziert wird. Schließlich scheint ein Widerspruch darin zu liegen, die törichte Frage eines Gedankenlosen (V. 36a) nach dem Wesen des Auferstehungsleibes (V. 35) überhaupt beantworten zu wollen. Wäre es nicht konsequenter von Paulus, die Torheit der Frage aufzudecken und den Denkfaulen zu eigenem Nachdenken zu zwingen? Warum gibt Paulus eine ausführliche Antwort auf eine törichte Frage? Was ist das überhaupt für eine Antwort, die Paulus gibt?

Paulus reiht drei Beobachtungen lose aneinander, die jeder direkt nachvollziehen kann: Aus gesäten Samenkörnern entsteht pflanzliches Leben in individuellen Gestaltungen (*somata*), Menschen und Tiere existieren in bunter Gestaltvariation (*sarx*) und Sonne, Mond und Sterne haben unterschiedlichen Glanz (*doxa*). Das Bindeglied dieser Beobachtungen scheint lediglich die Vielfalt und Besonderheit der Gestalten zu sein. Diese Erfahrungswirklichkeit lässt für Paulus einen Vergleich zu, um die Auferstehungswirklichkeit zu erschließen. Was für die heutige Erfahrung gilt, hat auch Bedeutung für die Auferstehung der Toten (V. 42a). Statt aber die erwarteten Analogien zwischen den zwei Wirklichkeiten heutiger Erfahrung und künftiger Auferstehung aufzuzeigen, betont Paulus nun die Gegensätze. Er greift die Bildrede seiner ersten Beobachtung wieder auf (das Saatgut, das sterben muss, um zu neuem Leben zu erwachen) und stellt die menschliche Tätigkeit des Säens der göttlichen Kraft gegenüber, Leben neu zu erwecken. Der Gegensatz zwischen dem irdischen, beseelten Leib (*soma psychikón*) und dem überirdischen, geistigen Auferstehungsleib (*soma pneumatikón*) wird anaphorisch in den Gegensatzpaaren ‚verweslich – unverweslich', ‚armselig/schmachvoll – glänzend/herrlich' und ‚schwach – mächtig' ausgebaut (V. 42b–44a). Die abschließende Konklusion ist allerdings wie beschrieben nicht als logische Schlussfolgerung verständlich.
<u>Perspektivwechsel</u>: Die Konklusion am Ende (V. 44b) ist keine logische Schlussfolgerung, sondern Ausdruck des eigenen Glaubens. Dadurch entfällt auch das Problem, dass Paulus auf eine törichte Frage überhaupt eine Antwort gibt. Der Text bietet Anregungen für den Gedankenlosen zu eigenem Nachdenken. Die Frage ist zwar töricht, aber nicht wegen der Selbstverständlichkeit einer Antwort, sondern weil sie tatsächlich nicht zu beantworten ist. Trotzdem lohnt sich ein Nachdenken über den eigenen Glauben: Traut er dem Schöpfergott die Möglichkeit zu, Totes zu neuem Leben zu erwecken? Auf die törichte Frage, wie das genau aussieht, gibt es keine Antwort, aber wir dürfen Vermutungen anstellen, und zwar in Analogie zu dem, was (zur Zeit Pauli) allgemein als Gottes Tat anerkannt wird: die Schöpfung der Welt. Es kann gezeigt werden, dass Paulus seine Leser veranlasst, die Analogien in Eigenregie zu bilden. Denn Paulus selbst nennt nur die Erfahrungen geschöpflicher Wirklichkeit: die individuelle Gestalt der aus dem Samenkorn entstandenen Pflanze (*soma*), die Vielfalt des Fleisches (*sarx*) und aller Körper Glanz (*doxa*). Allerdings ist es nicht zufällig, wie Paulus seine Beobachtungen aneinanderreiht. Die erste Analogie liegt im Vergleich des irdischen Leibes mit dem nackten Korn, das als gesäter Same sterben muss, um zu neuem Leben zu erwachen (V. 36bf.). Dabei ist die göttliche Gabe der späteren Gestalt (*soma*) dem Samenkorn selbst nicht anzusehen (V. 38). Der Auferstehungsleib ist nicht zu vergleichen mit dem irdischen Leib, so wie der Schmetterling der Raupe, aus der er entstand, kaum ähnelt. Die zweite Analogie schreitet vom pflanzlichen Leben fort und betrachtet die Vielheit der von Gott geschaffenen Lebewesen (V. 39). Diese Vielfalt und Buntheit in den Gestalten des verweslichen Fleisches (*sarx*), davon soll der Leser ausgehen, wird in der Auferstehungswirklichkeit sicher nicht unterboten werden. Die dritte Analogie verweist auf die Unterschiedlichkeit im Glanz (*doxa*) der verschiedenen Erd- und Himmelskörper (*somata*, V. 40f.). Was jetzt schon – als Abglanz der Herrlichkeit Gottes (*kabbod*) – glänzt, wird, so mag der Leser vermuten, dereinst in vollem Licht erstrahlen. Die Auferstehungswirklichkeit wird die ‚glänzenden' Anlagen in uns zur Vollendung bringen. Alles Fleisch (*sarx*) hat als Erdkörper auch seinen Glanz (*doxa*) wie die Himmelskörper – darin liegt der Übergang von der zweiten zur dritten Analogie.
Die Steigerung in der Analogie von Schöpfung und Auferstehung mündet in der Gegenüberstellung der beiden Wirklichkeiten in den ihnen entsprechenden Tätigkeiten von Säen und Auferwecken. Diese Gegenüberstellung sprengt den Textzusammenhang. Das Analogisieren wird aufgebrochen in einer antithetischen Reihung. Was bei Erwartung einer begründeten Antwort auf die Ausgangsfrage zunächst als Manko erschien, erweist sich im vollzogenen Perspektivwechsel geradezu als Vorzug. Indem Paulus die Erwartung auf eine Fortführung oder Präzisierung der Analogien enttäuscht, lenkt er den Blick der Leser auf die Frage nach dem Grund dieser Erwartungsbrechung: Inwiefern ist die Vergleichsankündigung in V. 42b noch gerechtfertigt, wenn zuvor Analogien gebildet wurden, nun aber Gegensätze aufgebaut werden? Die Lösung kann nur sein, dass durch die Gegensätze die Analogien präzisiert werden. Die Analogien, so zeigen die Gegensätze, sind ‚nur' Vorstellungen über einen zukünftigen Auferstehungsleib. Sie müssen durch die Kraft, Macht und Herrlichkeit des pneumatischen Auferstehungsleibes gesprengt werden. Die Analogien beruhen auf einem Denken, das noch der erfahrenen Schöpfungswirklichkeit entspricht. Die erwartete Neuschöpfung, die Auferweckung der Toten – sie ist mit diesem Denken nicht zu erfassen. Analogien vermitteln Ähnlichkeiten bei größerer Unähnlichkeit, getreu der theologisch-traditionellen Auffassung von der *analogia entis*. Darauf macht Paulus in seiner Gegenüberstellung von Analogie und Gegensatz aufmerksam. Die Logik seiner Aussagen entzieht sich dem kognitiv-distanzierten Zugriff, weil sie den Glauben an das rein rational nicht Fassbare, die Auferweckung der Toten, voraussetzt. Die Logik Pauli ist die Logik des Glaubens an die alle Erwartungen übersteigende Schöpfermacht Gottes.

Sie spiegelt sich wider in der Struktur seines Textes, die heutige Erwartungen an einen kohärenten Textzusammenhang sprengt. Der Text ist nur kohärent im Lichte des Schöpfungsglaubens.

M 34 Klaus von Stosch: Zur Leiblichkeit der Auferstehung

Kompetenzschwerpunkt: *Kognitiv:* Grundzüge des Gedankengangs wiedergeben (A), sie durch Verbindung mit der Erfahrung Bielers und der Argumentation Pauli interpretieren (B) und das Bedürfnis nach bleibender Individualität (Leib-Seele-Dualismus) zwar akzeptieren, aber im Blick auf das schöpferische Handeln Gottes relativieren und transformieren (C).

Planung: Der Text eignet sich zur Zusammenfassung der vierten Sequenz und mit den vier Aufgaben auch als Klausur.

Erwartungshorizont: Die zentrale Schwierigkeit der Vorstellung einer leiblichen Auferstehung betrifft die Frage, wie die Identität des Individuums gewährleistet ist. Der Körper kann sie nicht leisten, da er verwest. Die Vorstellung der vom Körper getrennten Seele hilft nur oberflächlich weiter. Wenn man auch ohne Körper als Seele weiterlebt, wozu dann noch eine leibliche Auferstehung? (Aufgabe 1)

Dass der Leib nicht in dem aufgeht, was durch einen Dualismus von Körper und Seele zum Ausdruck kommen kann, versucht auch Paulus den Korinthern zu verdeutlichen: Es ist der beseelte Leib (*soma psychikon*), der durch das neuschöpferische Handeln Gottes in einen geistbewegten Leib (*soma pneumatikon*) verwandelt wird. Die christliche Hoffnung besagt, dass in diesem neuen Leib der alte Leib aufgehoben wird, und Paulus weist durch die Struktur seiner Rede darauf hin, dass die Art und Weise dieses Aufgehobenseins Gott anzuvertrauen und auch in den Schöpfungsanalogien letztlich nicht fassbar ist. (Aufgabe 2)

Das Zitat von Werbick betont die Bedeutung leibhafter Erfahrung, die sich „allem Fühlen und Erleben eingeschrieben hat" (Z. 43). Andrea Bieler gibt ein in Zeit und Raum verortetes Beispiel für eine solche konkrete Leiberfahrung. Durch die Geste Jan Mitulskis schreibt sich die religiöse Wahrheit der Mahlhandlung Jesu in ihren Leib ein. Was zuvor kognitiv erfasst wurde, wird nun auch in leibhafter Tiefe erfahren. (Aufgabe 3)

Mit dem Gedankenexperiment zur Manuskriptseite (Z. 24–31) verdeutlicht von Stosch, dass logisch etwas gedacht werden muss, das die Identität der Person sichert. Dieses Bedürfnis weckt Verständnis für die Unterscheidung von Leib und Seele. Die Schüler könnten in ihrer persönlichen Stellungnahme dieses Bedürfnis selbst relativieren: Wie kann man im Glauben an die Schöpferkraft Gottes auch dieses Bedürfnis loslassen und darauf vertrauen, dass Gott all das rettet und verwandelt, was mich als unverwechselbare, leibhaft verfasste Person ausmacht? (Aufgabe 4)

M 35 Benedikt XVI.: Das Mahlhalten des Auferstandenen

Kompetenzschwerpunkte: *Kognitiv und existenziell-religiös:* Grundzüge der Deutung Benedikts wiedergeben und mit ihrer Hilfe die eigene Orientierung verstehen (A), Hintergründe seiner Argumentation im Verweis auf verschiedene Orientierungsmöglichkeiten benennen und im Vergleich der Schwerpunkte (etwa von Wilckens und Dalferth) die eigene Orientierung begründen (B), den Wert der Überlegungen Benedikts beurteilen und die Grenzen seines Vorgehens erörtern; dabei die eigene Orientierung durch die Auseinandersetzung mit dem Anspruch Jesu, sein Mahlhalten in der Gegenwart fortzusetzen, vertiefen (C).

Planung: Der Text eignet sich als Klausur zum Abschluss der gesamten Unterrichtsreihe, insofern er Themen aus allen Sequenzen direkt oder indirekt anspricht. Zur Vorgehensweise Benedikts s. o. die Anmerkungen zu M 17.

Erwartungshorizont: Der emeritierte Papst arbeitet überzeugend die Bedeutung des Mahlhaltens Jesu heraus, indem er die Symbolhandlung des gemeinsamen Salzverzehrs sprachlich nuanciert erörtert. Der Zusammenhang zum letzten Abendmahl wird über den Bundesgedanken aufgebaut (vgl. Z. 20 f.). Die Erscheinungen (das Sich-sehen-Lassen) und die Lehre Jesu bedürfen der Bestätigung in der Symbolhandlung, wie bei den Emmaus-Jüngern. Zugleich bestätigt der Hinweis auf das Salzessen die Ankündigung Jesu in Lk 22,16.18, dass er Lamm und Wein erst wieder zu sich nehmen werde, wenn das Mahl sich im

Reich Gottes erfülle. Nimmt man diese Ankündigung ernst, dann wird darin ein Abstand deutlich, den Benedikt eher verdeckt: Die Mahlgemeinschaft vor der Himmelfahrt kann nur vorläufig sein (Aufgabe 1). Das Salz ist ein Symbol gegen den Tod. Nach dem Tod stoppt es Prozesse der Verwesung, damit das Fleisch von Tieren als Nahrung für Menschen länger genießbar bleibt. Vor dem Tod steht es für Dauer, aber auch als Würze des Lebens gegen Langeweile und Eintönigkeit. Aber auch dieses Symbol ist ambivalent. Man kann eine Speise auch versalzen, und nur vom Salz allein wird der Mensch nicht satt. Benedikt betont lediglich die positive Seite. Die im Unterricht erörterten Ansätze zur Deutung des Grabes Jesu (s. M 24 und M 25) lassen sich auf das Salzsymbol beziehen. Für Benedikt ist es nicht vorstellbar, dass Jesu Leichnam verwest sein könnte. Sein Salzessen steht „gegen Fäulnis, gegen die Verwesung, die zum Wesen des Todes gehört" (Z. 17). Dagegen steht die Anfrage Dalferths, dass zum Tod eben auch die Verwesung gehört (die durch das Salz zwar aufgehalten, aber nicht ganz vermieden werden kann) und dass es theologisch sinnvoll ist zu denken, dass auch diese Prozesse durch den Körper Jesu erlitten worden sind, um uns in seiner Nähe zu Gott auch davon zu erlösen (s. M 25). Die Schüler können sich mit guten Argumenten zu beiden Ansätzen positionieren. Wichtig ist, dass sie die Möglichkeit des jeweils anderen nicht leugnen (Aufgabe 2). Das Mahlhalten des Auferstandenen kann sich fortsetzen in der Erfahrung der Verhinderung von Gewalt (wie etwa Jewtuschenko sie beschreibt, M 29) und in der Annahme der Kranken und Benachteiligten, wie sie plastisch in der Erfahrung von Bieler zum Ausdruck kommt (M 32). Der Gedanke, dass Jesus unser Leben „würzt [...] mit der Anteilnahme an seiner Passion, an der reinigenden Kraft seines Leidens" (Z. 30 f.) ist für die Schüler sehr abstrakt und kaum zu verstehen. Welche Würze soll in dem elenden Kreuzestod schon stecken? Es wird darum gehen, Verständnis zu wecken für den Sinn, am Leiden der anderen Menschen Anteil zu nehmen und sich engagiert für eine Verminderung des Leidens einzusetzen (Aufgabe 3).

Jewgenij Jewtuschenko: Eine Szene beim Putschversuch in Moskau zur Bedeutung des gemeinsamen Essens

Da sie zumindest die Straßenverkehrsordnung beachten wollten, blieben die Panzer vor der roten Ampel stehen. Wer weiß, was passiert wäre, wenn sie nicht von allein stehen geblieben wären. Als die Panzer – wenn auch nur für einen Augenblick – bewegungslos dastanden, wirkten sie gleich weniger furchteinflößend, da sie so den Hunderten von Panzern aus früheren Kämpfen ähnelten, die inzwischen auf Postamenten in Hunderten von russischen Städten standen und zum Jahrestag des Sieges mit Blumen überschüttet wurden.

Eine fülligere ältere Frau mit unter einem Kopftuch hervorlugenden Lockenwicklern lief in ihren karierten Hausschuhen auf die Fahrbahn, schwenkte ihr gefülltes Einkaufsnetz und schrie den Panzerfahrern verzweifelt zu:

„Kinderchen, was geht ihr denn auf eure eigenen Leute los? Kin-der-chen!"

Die Frau blieb mit dem Netz an den stählernen Raupenketten hängen und zerriss dabei eine Papiertüte mit Makkaroni, die sich wie ein weißer Regenschauer über den Panzer ergossen.

Die Turmluke öffnete sich knirschend, und zwei riesige, etwas verwirrte „Kinderchen" in Helmen kletterten auf den Panzer. Vielleicht erkannte jeder der beiden in dieser Frau seine eigene Mutter, die jetzt ebenfalls irgendwo, weit, weit weg von Moskau, mit ebenso einem Einkaufsnetz für ebensolche Makkaroni Schlange stand.

Dem Feindbild entsprach diese Frau in ihren Hausschuhen in keiner Weise, und so zerstreute sich dieses Feindbild ebenso, wie die Makkaroni es getan hatten. Da sie wussten, unter welchen Mühen unsere Frauen all die Lebensmittel ergatterten, begannen die „Kinderchen", besorgt die wie Lichtstäbchen hier und dort auf dem Panzer glänzenden Makkaroni aufzusammeln und in das hingehaltene Einkaufsnetz zu schütten.

„Ein Hurra auf unsere Panzerfahrer! Die Armee steht hinter uns!", ertönten Rufe, und einen Moment später stürzten all jene, die noch eben auf den Bürgersteigen gestanden hatten, zu den Panzern, umzingelten sie, kletterten auf die Raupenkette bis zu den Luken, drückten den Fahrern die Hände, holten für sie Brot, Wurst, Äpfel und Flaschen mit Kefir aus ihren eigenen Einkaufsnetzen hervor.

Die Panzerfahrer genierten sich, doch sie aßen und betrachteten mit kindlicher Neugier Moskau, das viele von ihnen bisher nur aus den Militärparaden im Fernsehen kannten.

Jewgeni Jewtuschenko: Stirb nicht vor deiner Zeit, München 1994.

Arbeitsaufträge:

1. *Stellen Sie sich vor, einer der jungen Panzerfahrer telefoniert abends mit seiner Mutter. Was könnte er ihr über seine Aufgabe erzählen, einen möglichen Aufstand gegen den Militärputsch niederzuschlagen? Schreiben Sie den Dialog auf oder erspielen Sie ihn sich im Rollenspiel.*
2. *Beschreiben Sie genau, was in der von Jewtuschenko geschilderten Situation passiert. Welche Bedeutung haben die Makkaroni und die Nahrungsaufnahme der Soldaten?*

Gemeinsame Mahlhandlung (Jesus als Gastgeber)

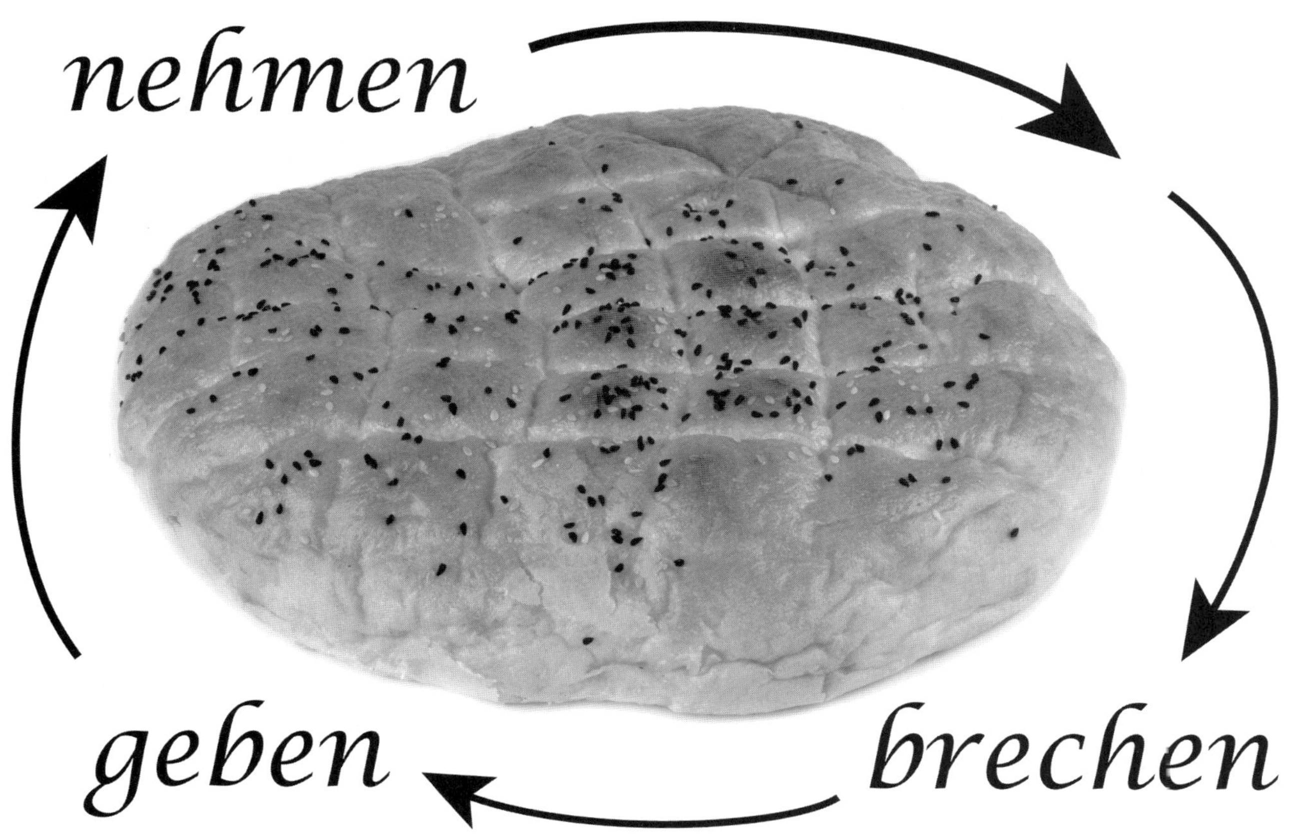

Das Festmahlgleichnis in Lukas 14

[1]Als Jesus an einem Sabbat in das Haus eines führenden Pharisäers zum Essen kam, beobachtete man ihn genau. [2]Da stand auf einmal ein Mann vor ihm, der an Wassersucht litt. [3]Jesus wandte sich an die Gesetzeslehrer und die Pharisäer und fragte: Ist es am Sabbat erlaubt zu heilen, oder nicht?
[4]Sie schwiegen. Da berührte er den Mann, heilte ihn und ließ ihn gehen.
[5]Zu ihnen aber sagte er: Wer von euch wird seinen Sohn oder seinen Ochsen, der in den Brunnen fällt, nicht sofort herausziehen, auch am Sabbat? [6]Darauf konnten sie ihm nichts erwidern.
[7]Als er bemerkte, wie sich die Gäste die Ehrenplätze aussuchten, nahm er das zum Anlass, ihnen eine Lehre zu erteilen. Er sagte zu ihnen:
[8]Wenn du zu einer Hochzeit eingeladen bist, such dir nicht den Ehrenplatz aus. Denn es könnte ein anderer eingeladen sein, der vornehmer ist als du, [9]und dann würde der Gastgeber, der dich und ihn eingeladen hat, kommen und zu dir sagen: Mach diesem hier Platz! Du aber wärst beschämt und müsstest den untersten Platz einnehmen. [10]Wenn du also eingeladen bist, setz dich lieber, wenn du hinkommst, auf den untersten Platz; dann wird der Gastgeber zu dir kommen und sagen: Mein Freund, rück weiter hinauf! Das wird für dich eine Ehre sein vor allen anderen Gästen. [11]Denn wer sich selbst erhöht, wird erniedrigt, und wer sich selbst erniedrigt, wird erhöht werden.
[12]Dann sagte er zu dem Gastgeber: Wenn du mittags oder abends ein Essen gibst, so lade nicht deine Freunde oder deine Brüder, deine Verwandten oder reiche Nachbarn ein; sonst laden auch sie dich ein, und damit ist dir wieder alles vergolten. [13]Nein, wenn du ein Essen gibst, dann lade Arme, Krüppel, Lahme und Blinde ein. [14]Du wirst selig sein, denn sie können es dir nicht vergelten; es wird dir vergolten werden bei der Auferstehung der Gerechten.

[15]Als einer der Gäste das hörte, sagte er zu Jesus: Selig, wer im Reich Gottes am Mahl teilnehmen darf.

[16]Jesus sagte zu ihm: Ein Mann veranstaltete ein großes Festmahl und lud viele dazu ein. [17]Als das Fest beginnen sollte, schickte er seinen Diener und ließ den Gästen, die er eingeladen hatte, sagen: Kommt, es steht alles bereit! [18]Aber einer nach dem andern ließ sich entschuldigen. Der Erste ließ ihm sagen: Ich habe einen Acker gekauft und muss jetzt gehen und ihn besichtigen. Bitte, entschuldige mich! [19]Ein anderer sagte: Ich habe fünf Ochsengespanne gekauft und bin auf dem Weg, sie mir genauer anzusehen. Bitte, entschuldige mich! [20]Wieder ein anderer sagte: Ich habe geheiratet und kann deshalb nicht kommen. [21]Der Diener kehrte zurück und berichtete alles seinem Herrn. Da wurde der Herr zornig und sagte zu seinem Diener: Geh schnell auf die Straßen und Gassen der Stadt und hol die Armen und die Krüppel, die Blinden und die Lahmen herbei. [22]Bald darauf meldete der Diener: Herr, dein Auftrag ist ausgeführt; aber es ist immer noch Platz. [23]Da sagte der Herr zu dem Diener: Dann geh auf die Landstraßen und vor die Stadt hinaus und nötige die Leute zu kommen, damit mein Haus voll wird. [24]Das aber sage ich euch: Keiner von denen, die eingeladen waren, wird an meinem Mahl teilnehmen.

Arbeitsaufträge:

1. *Unterstreichen Sie rot, was Jesus sagt, blau, was er tut, gelb, was die anderen sagen, und grün, was die anderen tun.*
2. *Zeichnen Sie ein Diagramm, in dem Sie Fragen und Antworten der lukanischen Gleichniserzählung in eine Übersicht bringen. Tauschen Sie sich darüber mit Ihrem Nachbarn/Ihrer Nachbarin aus.*
3. *Charakterisieren Sie die Kommunikation zwischen Jesus und seinen Zuhörern. Ziehen Sie Verbindungen zwischen dem Verhalten Jesu als Gast bei den Pharisäern (V. 1–15) und dem Gleichnis vom großen Festmahl, das Jesus am Ende erzählt (V. 16–24).*
4. *Interpretieren Sie dieses Mahlgleichnis, das Lukas in die Mitte seines Evangeliums gesetzt hat, als Gerichtsgleichnis.*
5. *Erörtern Sie vor diesem Hintergrund die Bedeutung dieses Gleichnisses für ein Verständnis der Texte, in denen Jesus als Gastgeber auftritt (Lk 22,7–20; Lk 24,28–31; Lk 9,10–17).*

Andrea Bieler: „Der Leib Christi hat AIDS" – Echte Körper beim Abendmahl

Am 3.12.2001 feierte Reverend Jim Mitulski in der Kapelle der Great Commission in Berkeley, Kalifornien, das Abendmahl. Er brach das Brot, erhob es in seiner linken Hand und zeigte mit der Rechten auf seinen eigenen Körper: „Dies ist der Leib Christi – der Leib Christi hat AIDS." Er hielt einen Moment inne. Dann breitete er die Arme aus und umschloss die Gemeinde mit seinem Leib und seinen Worten: „Bitte, verbindet euch mit mir: Wir sind der Leib Christ – der Leib Christi hat AIDS." Die Atmosphäre war elektrisiert wie von einem Erdbeben, ausgelöst durch diese eine Geste eines Mannes, der es wagte, auf seinen eigenen Leib zu weisen und sich mit der ganzen Gemeinde zu verbünden – mit dem gesegneten Brot in seiner Hand. Ein Pastor, infiziert mit HIV, bot seinen Leib dar als den Leib Christi.

Das war für mich ein heiliger Augenblick. Ganz plötzlich wurde das, was ich auf einer kognitiven Ebene schon lange wusste, auf der emotionalen Ebene in seiner Tiefe bestätigt: Unsere individuellen Körper sind Tempel des Heiligen Geistes. Und die Gruppe um den Abendmahlstisch IST der Leib Christi – im Fleisch und nicht allein abbildhaft. Die Gegenwart Christi in der Eucharistie ereignet sich nicht in erster Linie in Brot und Wein, sondern in den tatsächlichen Körpern, die gerade zum Tisch schreiten. In diesem Gottesdienst vertiefte ich mich ganz, mit all meinen Sinnen, in dieses Mysterium.

Ich möchte diese Geste als „verleiblichte Metapher [*embodied metaphor*]" bezeichnen. Die Geste eröffnete einen Resonanzraum für eine Fülle von Bedeutungen. Sie war nicht selbstversonnen – Jim Mitulski sagte weder: „Ich bin der Leib Christi", noch zeigte er ausschließlich auf seinen Körper. Er schloss die Speise ein und die Gruppe, die sich anschickte, zur Kommunion zu gehen. Die Geste als verleiblichte Metapher erhellte, wie gefährlich und anstößig es sein kann, solcherart über den Leib Christi zu sprechen.

Ein paar Jahre später sprach Jim Mitulski darüber, was es für ihn bedeutet, dass echte Körper zum Tisch treten, dass echte Körper Teil der sakramentalen Begegnung sind. Er sprach über die Ablehnung, die viele religiöse Gemeinschaften praktizierten: Menschen mit HIV und AIDS würden als Objekte religiöser Fürsorge betrachtet, als diejenigen, denen christliches Mitleid entgegengebracht wird; dagegen sei es für viele entsetzlich oder beängstigend, die infizierten Leiber mit dem Leib Christi zu verbinden. Im Blick auf die Eucharistie befürworteten viele liberale Protestanten in den USA ein entleiblichtes Verständnis des Herrenmahles. Viele wollten die verleiblichte Gegenwart Christi, die unsere eigene leibliche Wirklichkeit deutet, nicht anfragen – ja, sie hätten sogar Angst davor. [...]

Das Sakrament schreibt sich als Ereignis ein in die Körper der Beteiligten, es verwandelt *‚human beings'* in *‚speaking bodies'*. So wurde Jim Mitulski für mich ein *‚speaking body'*, in einem konkreten Augenblick während des Welt-AIDS-Tages in Berkeley, Kalifornien, im Jahre 2001. Indem ich meine Erfahrung in Zeit und Raum situiere, bestehe ich darauf, dass verleiblichte Metaphern nur in ihren Kontexten verstanden werden können; sie verlieren ihre Bedeutung durch Abstraktion. Metaphern im Umfeld von Ritualen sind verleiblichter Ausdruck. In Zeit und Raum sind sie eingebettet in Energie, Bewegung, Geste und nicht zuletzt Sprache. Es ist mir sehr wichtig, dass Sprache nicht vom Körper getrennt werden kann. Wir denken und sprechen leiblich; wir sind in diesem Sinne *‚speaking bodies'*. Unser verleiblichtes Wissen ist hochgradig subjektiv und eröffnet doch zugleich einen gemeinsamen Horizont. Im Blick auf unser Beispiel: Ich weiß nicht, was die anderen Betenden sahen, als Jim Mitulski während der Eucharistiefeier auf seinen eigenen Körper zeigte. Und dennoch hatte ich das Gefühl, dass im Letzten die Energie im Raum und die Atmosphäre im Heiligtum auf einen gemeinsamen Horizont verwiesen.

Andrea Bieler: „Real Bodies at the Meal". In: J. Ebach: „Dies ist mein Leib". Leibliches, Leibeigenes und Leibhaftiges bei Gott und den Menschen (Jabboq 6). Gütersloh 2006, 81–90, 81–83 (übersetzt von Norbert Brieden).

Arbeitsaufträge:

1. *Beschreiben Sie die von Andrea Bieler beschriebene Geste Jim Mitulskis und begründen Sie, inwiefern sie als eine „verleiblichte Metapher" bezeichnet werden kann oder nicht.*
2. *Erläutern Sie den Erkenntnisvorgang, den Bieler beschreibt, und nehmen Sie dazu Stellung. Was können Sie nachvollziehen, was fällt Ihnen schwer zu verstehen?*
3. *Verbinden Sie die Erfahrung Bielers mit den erarbeiteten lukanischen Texten zur Mahltheologie. Deuten Sie vor diesem Hintergrund den „gemeinsamen Horizont", den Bieler am Ende anspricht.*
4. *Beschreiben Sie eigene Erfahrungen mit* ‚speaking bodies' *und kommen Sie darüber ins Gespräch.*

Paulus zur Leiblichkeit der Auferstehung im ersten Korintherbrief (1 Kor 15)

35 Aber es wird einer fragen: Wie werden auferweckt die Toten? Mit was für einem Leib kommen sie denn?

36 Gedankenloser, du! Was du säst, nicht wird es lebendig gemacht, wenn es nicht (vorher) stirbt;

37 und was du säst, nicht als den Leib [*soma*], der geworden sein wird, säst du (ihn), sondern als nacktes Korn, sei es zufällig vom Weizen oder von einer der übrigen (Samenarten).

38 Gott aber gibt ihm einen Leib [*soma*], wie er es wollte, und (zwar) jedem von den Samen einen eigenen Leib [*soma*].

39 Nicht alles Fleisch [*sarx*] (ist) dasselbe Fleisch [*sarx*], sondern anders (ist das Fleisch) des Menschen, anders das Fleisch von Haustieren, anders das Fleisch von Vögeln, anders (das) von Fischen.

40 Und (es gibt) himmlische Körper [*somata*] und irdische Körper [*somata*]; aber verschieden (ist) der himmlischen (Körper) Glanz [*doxa*], verschieden der (Glanz) der irdischen.

41 Anders (ist) der Glanz [*doxa*] der Sonne, und anders der Glanz [*doxa*] des Mondes, und anders der Glanz [*doxa*] der Sterne; Stern nämlich unterscheidet sich von Stern durch den Glanz [*doxa*].

42 So auch die Auferstehung von den Toten.
Gesät wird in Verweslichkeit, auferweckt in Unverweslichkeit,

43 gesät wird in Schmach, auferweckt in Glanz [*doxa*],
gesät wird in Schwäche, auferweckt in Kraft,

44 gesät wird ein lebendiger Leib [*soma psychikón*], auferweckt ein geistbewegter Leib [*soma pneumatikón*].
Wenn es einen lebendigen Leib [*soma psychikón*] gibt, gibt es auch einen geistbewegten [*pneumatikón*].

(Übersetzt von Norbert Brieden)

Begriffe:
Sarx (Fleisch): Inbegriff des begrenzten, zeitlich-räumlichen, verweslichen Daseins, von Paulus oft im gleichen Sinn wie *‚soma'* gebraucht
Soma (Leib, Gestalt, Körper): Die Person als Einheit von Leib und Seele = *soma psychikón* (beseelter Leib)
Soma pneumatikón (geistdurchdrungener Leib): Durch die Kraft Gottes neu geschaffener Leib, Auferweckungsleib
Doxa (Glanz, Herrlichkeit): Meint immer auch die Herrlichkeit Gottes; der Glanz der Himmelskörper ist (auch religionsgeschichtlich) Spiegel des unzugänglichen Lichtglanzes Gottes, der hebräischen Kabbod

Arbeitsauftrag:

Lesen Sie den Text auch in der Einheitsübersetzung nach und führen Sie sich den Argumentationsgang des Apostels in einer topografischen Mindmap, ähnlich Stadtplänen oder Landkarten, vor Augen.

Dies soll für Sie eine Hilfe sein, um Ihren Gedanken eine Form zu geben. Die Inhalte (einzelne Straßen, Plätze, Berge, Flüsse usw.) legen Sie selber fest, indem Sie die Kernbegriffe der paulinischen Ausführungen auswählen. In der Art und Weise, wie Sie die Straßen, Flüsse etc. anordnen, können Sie sich die Beziehungen zwischen den Begriffen vor Augen führen. Zeichnen Sie am besten auf DIN A3 oder größer.

Klaus von Stosch: Zur Leiblichkeit der Auferstehung

So entschieden christliche Eschatologie immer die Leiblichkeit der Auferstehung betont hat, so unklar ist, was damit eigentlich genau gemeint ist. Was genau bedeutet es, wenn ich hoffe, dass ich über den Tod hinaus da bin? Gibt es dann noch Menschen, die mir näher sind als andere? Wie lebe ich die Beziehungen zu ihnen? Gibt es noch so etwas wie Sexualität oder den Genuss von einem guten Wein? Gibt es noch Wandel und Dynamik oder ein ewiges Jetzt? Kann ich überhaupt ernsthaft noch denken, dass ich bin, wenn der Auferstehungsleib doch sicher sehr von meinem Körper verschieden ist?
Die in diesen Fragen angefragte Unanschaulichkeit der Leiblichkeit der Auferstehung ist wahrscheinlich auch ein wichtiger Grund dafür, warum viele unserer Zeitgenossen sich von dieser Vorstellung abwenden und die scheinbar leichter vorstellbaren östlichen Vorstellungen bevorzugen, oder dem Ideal der Auferstehung das Ideal der Bejahung dieses endlichen Lebens entgegenstellen. [...]
Was also genau meinen Christen, wenn sie eine Auferstehung des Leibes erhoffen?
Bei allen Unklarheiten, die in der Diskussion um diese Frage bestehen, ist zumindest weitgehend anerkannt, was die Leiblichkeit des Menschen nicht meint. Die Leiblichkeit ist nicht einfach ein anderer Ausdruck für seine Körperlichkeit, d. h. der Auferstehungsleib ist etwas anderes als der materielle Körper des Menschen. Denn verstünde man Auferstehung als Restitution des irdischen Körpers, so würde man nicht gut erklären können, wie Bestandteile eines Leibes restituiert werden können, die beispielsweise zwischenzeitlich von einem Kannibalen verspeist würden, um nur eines von vielen oft zitierten Gegenargumenten zu nennen. [...]
Klar ist andererseits aber auch, dass die Auferstehung des Leibes etwas anderes meint als die Unsterblichkeit oder eine Auferstehung der Seele. Die Unsterblichkeit der Seele wird in der katholischen Tradition verteidigt, um eine kreatürliche Identität über die Todesgrenze hinaus denken zu können, an die der Auferstehungsleib anknüpfen kann. Wieso sollte Gott auch in einem Akt der Neuschöpfung einen Verbrecher wie Hitler in seiner ganzen Widerwärtigkeit neu schaffen? Wie kann überhaupt eine eigene Freiheit und Identität des Menschen gedacht werden, wenn er erst einmal mit Leib und Seele tot ist und nur durch die Auferstehung wieder lebt? Die Durchschlagskraft derartiger Fragen kann man sich leicht mithilfe eines Gedankenexperiments verdeutlichen, das Peter van Inwagen entwickelt hat, wenn er fragt, ob Gott im Jahr 458 eine Manuskriptseite des Augustinus wiedererstellen kann, die Arianer 457 verbrannt haben. Es kann kein Zweifel daran bestehen, dass Gott im Jahr 458 eine Manuskriptseite aus dem Nichts erschaffen kann, die der aus dem Jahr 457 in jeder Hinsicht gleicht. Aber kann er die zerstörte Seite selbst wieder herstellen, kann er in gewisser Weise die Geschichte ungeschehen machen? In Bezug auf die Manuskriptseite mag diese Frage noch müßig erscheinen. Aber in Bezug auf die Identität eines Menschen gibt sie ernste Probleme auf. Wie sollte Gott nicht nur eine identische Kopie von mir restituieren, sondern mich selbst, wenn ich doch wirklich tot bin?
Die katholische Tradition versucht dieses Problem zu vermeiden, indem sie eine unsterbliche Seele als Träger menschlicher Identität annimmt. Doch auch die Lösung der katholischen Tradition ruft Verlegenheiten hervor. Denn wird die Möglichkeit einer *Anima separata* [vom Körper getrennten Seele] erst einmal zugestanden, fragt sich, wozu diese denn überhaupt wieder einen Körper bzw. einen Leib annehmen sollte, wenn es doch auch ohne ihn geht. [...] Von daher ist fragwürdig, wer genau Träger der Identität auch über den Tod hinaus sein kann. [...]
Wie immer man diese Frage entscheidet und wie immer man die Möglichkeit einer unsterblichen Seele beurteilt, so ist es in jedem Fall klar, dass sich Gott im Auferweckungshandeln weder den menschlichen Körpern, noch ihren Seelen zuwendet, sondern einer anderen Instanz, „den menschlichen Leibern [...]: ihrer durch und durch leibhaft-gemeinschaftlichen Geschichte, der Sehnsuchts- und Verwundungsgeschichte, dem leibhaftigen Hunger und Durst der Leidenschaften, der Bio-Grafie, die sich als Leib-Charakter – als Leib-Prägung – allen Gliedern und Sinnen, allem Fühlen und Erleben eingeschrieben hat" [Jürgen Werbick]. Leiblichkeit meint also mein konkretes Sosein, gewissermaßen die endliche Verfasstheit meines endlichen Geistes – „sie ist die Exteriorität des endlichen Geistes, seine Passivität, seine Affizierbarkeit, sein Gerufen- und Bezogensein" [Thomas Schärtl].

Klaus von Stosch: Auf der Suche nach einer neuen Form eschatologischen Denkens. In: R. Englert u. a. (Hg.): Was letztlich zählt – Eschatologie. Jahrbuch der Religionspädagogik Bd. 26. S. 119–136 © Vandenhoeck & Ruprecht, 2010

Arbeitsaufträge:

1. *Erläutern Sie die Schwierigkeiten der Frage nach der Leiblichkeit der menschlichen Auferstehung, die Klaus von Stosch benennt.*
2. *Charakterisieren Sie die christliche Hoffnung auf eine leibliche Auferstehung, indem Sie auf den im Unterricht behandelten Ansatz von Paulus zurückgreifen.*
3. *Beziehen Sie das Zitat von Jürgen Werbick auf die im Unterricht besprochene Erfahrung von Andrea Bieler.*
4. *Nehmen Sie Stellung zu den Überlegungen von Klaus von Stosch. Wie kann man Ihrer Meinung nach den Dualismus von Leib und Seele vermeiden? Inwiefern ist diese Unterscheidung möglicherweise unverzichtbar? Begründen Sie Ihre Ausführungen.*

Benedikt XVI.: Das Mahlhalten des Auferstandenen

Besonders wichtig und hilfreich, um das Mahlhalten des Auferstandenen zu verstehen, ist die letzte Erzählung; sie findet sich in der Apostelgeschichte. In den üblichen Übersetzungen kommt freilich die besondere Aussage dieses Textes nicht zum Vorschein. Die deutsche Einheitsübersetzung entspricht dem üblichen Übersetzungstypus, wenn sie sagt: „... vierzig Tage hindurch ist er ihnen erschienen und hat vom Reich Gottes gesprochen. Beim gemeinsamen Mahl gebot er ihnen: Geht nicht weg von Jerusalem ...“ (Apg 1,3 f.). Durch den – von der Satzkonstruktion her berechtigten – Punkt nach dem Wort „gesprochen“ wird ein innerer Zusammenhang verdeckt; Lukas spricht von drei Elementen, die das Zusammensein des Auferstandenen mit den Seinen kennzeichneten: „Er gab sich zu sehen“; „er sprach“; „er hielt Mahl“. Sich zu sehen geben – reden – Mahl halten sind die drei zusammengehörenden Selbstkundgebungen des Auferstandenen, in denen er sich als der Lebende erweist.

Für das rechte Verstehen des dritten Elements, das sich wie die ersten zwei über die „vierzig Tage“ erstreckt, ist das von Lukas gebrauchte Wort *synalizómenos* von wesentlicher Bedeutung. Wörtlich übersetzt heißt es: „Salz mit ihnen essend“. Lukas hat dieses Wort sicher bedachtsam gewählt. Aber was soll es bedeuten? Im Alten Testament stiftet gemeinsames Genießen von Brot und Salz oder von Salz allein feste Bündnisse (vgl. Num 18,19; 2 Chr 13,5; [...]). Salz gilt als Bürgnis für Dauer. Es ist das Mittel gegen Fäulnis, gegen die Verwesung, die zum Wesen des Todes gehört. Jedes Essen ist Angehen gegen den Tod – eine Weise, Leben zu erhalten. Das „Salzessen Jesu“ nach der Auferstehung, dem wir so als Zeichen des neuen und immerwährenden Lebens begegnen, deutet auf das neue Mahl des Auferstandenen mit den Seinen hin. Es ist das Bundesgeschehen und steht damit in einem inneren Zusammenhang mit dem Letzten Abendmahl, in dem der Herr den Neuen Bund gestiftet hatte. So bringt die geheimnisvolle Chiffre vom Salzessen eine innere Verbindung zwischen dem Mahl vor Jesu Leiden und der neuen Tischgemeinschaft des Auferstandenen zum Ausdruck: Er gibt sich den Seinigen als Speise und beteiligt sie so an seinem Leben, am Leben selbst. [...]

Wenn Lukas zu Beginn der Apostelgeschichte die nachösterlichen Ereignisse zusammenfasst und dort von der Mahlgemeinschaft des Auferstandenen und der Seinigen erzählt mit dem Wort „*synalizómenos* – Salz mit ihnen essend“, so bleibt zum einen das Geheimnis dieser neuen Mahlgemeinschaft bestehen; andererseits wird aber zugleich ihr Wesentliches sichtbar: Der Herr zieht die Jünger neu in die Bundesgemeinschaft mit sich und mit dem lebendigen Gott hinein. Er gibt ihnen Anteil am wirklichen Leben, macht sie selbst zu Lebendigen und würzt ihr eigenes Leben mit der Anteilnahme an seiner Passion, an der reinigenden Kraft seines Leidens.

Wie die Mahlgemeinschaft mit den Seinigen konkret ausgesehen hat, entzieht sich unserer Vorstellung. Aber wir können ihr inneres Wesen erkennen und können sehen, dass in der gottesdienstlichen Gemeinschaft, in der Feier der Eucharistie, dieses Mahlhalten des Auferstandenen weitergeht, wenn auch in anderer Weise.

Joseph Ratzinger/Benedikt XVI., Jesus von Nazareth, Zweiter Teil: Vom Einzug in Jerusalem bis zur Auferstehung, S. 295–297 (in Auszügen)

Arbeitsaufträge:

1. *Erörtern Sie Benedikts Deutung der Mahlhandlungen Jesu aus Apg 1,3 f. vor dem Hintergrund Ihres im Unterricht erarbeiteten Wissens zur lukanischen Mahltheologie. Gehen Sie dabei insbesondere auf Lk 22,16.18 ein.*
2. *Skizzieren Sie die theologischen Positionen zum leeren Grab von Ulrich Wilckens und Ingolf Dalferth und ordnen Sie die Position Benedikts einer der beiden Theologen zu. Begründen Sie Ihre Zuordnung, indem Sie auf die Interpretation Benedikts bezüglich des Wortes „synalizómenos“ zurückgreifen.*
3. *Stellen Sie an einem Beispiel Ihrer Wahl dar, wie „dieses Mahlhalten des Auferstandenen weitergeht“ (Z. 34): Inwiefern lässt sich das, was Benedikt XVI. in Bezug auf die Jünger schreibt, auch auf uns heutige Christen anwenden, dass Jesus uns „neu in die Bundesgemeinschaft mit sich und dem lebendigen Gott“ hineinzieht und unser Leben „würzt [...] mit der Anteilnahme an seiner Passion, an der reinigenden Kraft seines Leidens“ (Z. 28–31)?*

Quellenverzeichnis

S. 8: Gerhard Ziener: Bildungsstandards in der Praxis. Kompetenzorientiert unterrichten. Seelze-Velber 2008, 61–63 (Hervorhebungen v. N. Brieden). Zu unterschiedlichen Kompetenzstufenmodellen vgl. ebd. 50–53; zum Minimum der drei Kompetenzstufen und zur Problematik der Benotung vgl. ebd. 63–65.

M 2: Michael Welker: Die Gegenwart des auferstandenen Christus als das Wesentliche des Christentums. In: Wilfried Härle (Hg.): Das ist christlich. Nachdenken über das Wesen des Christentums. Gütersloh 2000

M 4–6: Markus Knapp: Tod, wo ist dein Sieg? Entnommen aus: Reinhard Göllner (Hg.): Mitten im Leben umfangen vom Tod – Tod und Sterben als individuelle und gesellschaftliche Herausforderung. Mit Beiträgen von Christof Breitsameter, Christian Frevel, Reinhard Göllner, Othmar Keel, Markus Knapp, Karl-Georg Reploh, Andreas Scheib und Alexander Sturm, Reihe: Theologie im Kontakt Bd. 16, 2010, ISBN 978-3-643-10521-9, Berlin/Münster/u.a. Seite 77-98

M 7, 8: Peter F. Schmid: Ein Gott der Lebenden. Auferstehung als Beziehung. in: Diakonia 27 (1996) © Peter F. Schmidt/Verlag Herder GmbH, Freiburg

M 9, 11, 12, 15, 20, 23, 27, 31: Bibelstellen: Einheitsübersetzung der Heiligen Schrift © 1980 Katholische Bibelanstalt, Stuttgart

M 16: Johannes Fischer: Glaube als Erkenntnis. Studien zum Wahrnehmungscharakter des christlichen Glaubens. München 1989.

M 17, 35: Joseph Ratzinger/Benedikt XVI., Jesus von Nazareth, Zweiter Teil: Vom Einzug in Jerusalem bis zur Auferstehung, S. 295–297, 306–309, 317 f. (in Auszügen)
© Libreria Editrice Vaticana, Città del Vaticano
© Verlag Herder GmbH, Freiburg im Breisgau, 2011

M 21a: Peter Weiss: Abschied von den Eltern © Suhrkamp Verlag Frankfurt am M. 1961.

M 22b: Nach: Reinhard Göllner/Norbert Brieden/Christina Kalloch: Emmaus: Auferstehung heute eröffnen. Elementarisierung – Kompetenzorientierung – Kindertheologie, Berlin 2010, S. 60–62, mit Bezug auf G. Kittel: Befreit aus dem Rachen des Todes. Tod und Todesüberwindung im Alten und Neuen Testament, Göttingen 1999.

M 22c: Willibald Bösen, Auferweckt gemäß der Schrift, Das biblische Fundament des Osterglaubens, S. 194 © Verlag Herder GmbH, Freiburg im Breisgau, 2006

M 23: Michael Heymel: Die umstrittene Auferstehung Jesu oder Was heißt „im Sinn des Neuen Testaments an den auferstandenen Jesus Christus" glauben? In: Berliner Theologische Zeitschrift 4 (1987) 37–52.

M 24: Ulrich Wilckens, Das leere Grab, In: Pastoraltheologie Jg. 85/1996 © Vendenhoeck & Ruprecht GmbH & Co. KG, Göttingen.

M 25: Ingolf U. Dalferth: Volles Grab, leerer Glaube? Zum Streit um die Auferweckung des Gekreuzigten. In: Zeitschrift für Theologie und Kirche 95, 1998. © Mohr Siebeck GmbH & Co. KG

M 28: Ingrid Scholz: Vom leeren Grab zur lebendigen Hoffnung. Zur Geschichte vom leeren Grab. In: KU-Praxis 43 (2002), Gütersloher Verlagshaus.

M 29: Jewgeni Jewtuschenko: Stirb nicht vor deiner Zeit, München 1994.

M 32: Andrea Bieler: „Real Bodies at the Meal". In: J. Ebach: „Dies ist mein Leib". Leibliches, Leibeigenes und Leibhaftiges bei Gott und den Menschen. (Jabboq 6) Gütersloh 2006, 81–90, 81–83 (übersetzt von N. B.).

M 34: Klaus von Stosch: Auf der Suche nach einer neuen Form eschatologischen Denkens. In: R. Englert u. a. (Hg.): Was letztlich zählt – Eschatologie. Jahrbuch der Religionspädagogik Bd. 26. S. 119–136 © Vandenhoeck & Ruprecht, 2010

Bildverzeichnis

Info M 1, Info M 33: Abstraktes Bild einer Schülerin. Urheberin unbekannt

M 14: Christi Himmelfahrt © rudall30 – stock.adobe.com
Vatertag © Ina – stock.adobe.com

M 21b: Skizze zu Überlieferungen. Urheber unbekannt

Info M 33: Topografische Mindmap. Urheber unbekannt

M 30: Brot © Norbert Suessenguth – stock.adobe.com

Jederzeit optimal vorbereitet in den Unterricht?

»